O GUARDIÃO DA CIDADE

reflexões sobre casos de violência praticados por policiais militares

CB015627

Copyright do texto © 2013 Adilson Paes de Souza
Copyright da edição © 2013 Escrituras Editora

Todos os direitos desta edição reservados à
Escrituras Editora e Distribuidora de Livros Ltda.
Rua Maestro Callia, 123 – Vila Mariana – São Paulo, SP – 04012-100
Tel.: 11 5904.4499 / Fax: 11 5904.4495
www.escrituras.com.br
escrituras@escrituras.com.br

Diretor editorial **Raimundo Gadelha**
Coordenação editorial **Mariana Cardoso**
Assistente editorial **Bélgica Medeiros**
Capa, projeto gráfico e diagramação **H. Arte&Design**
Revisão **Carolina Ferraz e Jonas Pinheiro**
Impressão **Arvato Bertelsmann**

Dados Internacionais de Catalogação na Publicação (CIP)
(Câmara Brasileira do Livro, SP, Brasil)

Souza, Adilson Paes de
   O guardião da cidade: reflexões sobre casos de violência praticados por policiais militares/Adilson Paes de Souza. – São Paulo: Escrituras Editora, 2013.

   Bibliografia
   ISBN 978-85-7531-456-2

   1. Aplicação da lei 2. Autoridade 3. Direitos humanos 4. Educação em direitos humanos 5. Policiais militares – Atuação 6. Polícia Militar 7. Segurança pública 8. Violência policial I. Título.

13-06872   CDD-363.2

Índices para catálogo sistemático:

1. Educação em direitos humanos na polícia militar   363.2
2. Policiais militares: Educação em direitos humanos   363.2

Impresso no Brasil
Printed in Brazil

ADILSON PAES DE SOUZA

O GUARDIÃO DA CIDADE

reflexões sobre casos de violência praticados por policiais militares

Prefácio de
Celso Lafer

escrituras
São Paulo, 2013

Este livro é dedicado a Maria Evangelina, meu grande amor.

Agradecimentos

Ao Professor Dr. Celso Lafer e ao Professor Dr. Roberto Romano, por todo apoio, sem o que não seria possível chegar até aqui. Meus sinceros agradecimentos à Escrituras Editora, em especial a Raimundo Gadelha e ao Professor Dr. Nílson José Machado, pela oportunidade proporcionada, pela parceria gratificante e por toda colaboração dada na realização deste livro.

SUMÁRIO

PREFÁCIO 15

INTRODUÇÃO 19

CAPÍTULO 1
O cenário atual 31

CAPÍTULO 2
A Declaração Universal dos Direitos Humanos 43

CAPÍTULO 3
A Declaração e o Programa de Ação de Viena 51

CAPÍTULO 4
A formação do guardião da cidade 55

CAPÍTULO 5
O exercício da autoridade 65

CAPÍTULO 6
Conduta ética e legal na aplicação da lei 71

Código de conduta para os encarregados da
aplicação da lei (Assembleia Geral da
ONU - Resolução 34/169, de 17 de
dezembro de 1979) 72

Princípios recomendados a uma prevenção eficaz
e à investigação de execuções extrajudiciais,
arbitrárias e sumárias (Recomendados pelo
Conselho Econômico e Social das Nações
Unidas - Resolução 1989/65,
de 24 de maio de 1989) 73

CAPÍTULO 7
Poderes básicos na aplicação da lei 75
    Princípios básicos sobre o uso da força e armas de fogo (Adotados pelo Oitavo Congresso das Nações Unidas sobre a Prevenção do Crime e o Tratamento dos Infratores – Cuba – de 27 de agosto a 7 de setembro de 1990) 75
    A detenção e a captura 76
    A proibição da tortura 78
    Crianças, adolescentes e mulheres 78

CAPÍTULO 8
O Programa Nacional de Direitos Humanos 81

CAPÍTULO 9
O Programa Estadual de Direitos Humanos 87

CAPÍTULO 10
A Lei de Diretrizes e Bases da Educação Nacional 89

CAPÍTULO 11
O sistema de ensino da Polícia Militar do Estado de São Paulo 91
    A Lei Complementar nº 1036, de 11 de janeiro de 2008 ... 91
    A Diretriz Geral de Ensino 92

CAPÍTULO 12
O corpo docente 95
    A contratação de docentes civis 95
    O docente policial militar 96

CAPÍTULO 13
A educação em Direitos Humanos no Curso de Formação de Oficiais 99

CAPÍTULO 14
Os currículos da disciplina Direitos Humanos
do Curso de Formação de Oficiais 103

CAPÍTULO 15
Considerações sobre a educação em Direitos
Humanos no Curso de Formação de Oficiais 109

CAPÍTULO 16
Preconceito e tortura 115

CAPÍTULO 17
O preconceito 119

CAPÍTULO 18
A tortura 131

CAPÍTULO 19
Super-homens 141

CAPÍTULO 20
Steve 145

CAPÍTULO 21
Mike 153

CAPÍTULO 22
Tenente Ricardo 157

CAPÍTULO 23
Sargento Ribeiro 161

CAPÍTULO 24
Breve análise do teor das entrevistas 165

CAPÍTULO 25
Há explicação?...169

CAPÍTULO 26
Solução para o problema ou mais problemas
com a solução?..177
    O *Patriot Act* 177
    Tudo é permitido em nome da
    segurança dos cidadãos 178

CAPÍTULO 27
Breve análise de alguns dispositivos do *Patriot Act* 183
    A definição de terrorismo doméstico 183
    A detenção compulsória de terroristas
    suspeitos e os tribunais militares 183
    A pós-notificação dos mandados de busca e apreensão... 184

CAPÍTULO 28
Segurança Cidadã 187

CAPÍTULO 29
O princípio da proporcionalidade –
breves apontamentos 191

CAPÍTULO 30
Sobre a educação em direitos humanos 193

CAPÍTULO 31
Uma nova concepção de educação em
direitos humanos no Curso de Formação de Oficiais 199

CONCLUSÃO 203

REFERÊNCIAS BIBLIOGRÁFICAS 207

ANEXO A
Currículo da Disciplina Direitos
Humanos 2006-2009 221

ANEXO B
Carga horária do Curso de Formação
de Oficiais 2006-2009 229

ANEXO C
Currículo da Disciplina Direitos
Humanos 2010-2013 233

ANEXO D
Carga horária do Curso de Formação
de Oficiais 2010-2013 251

PREFÁCIO

Este livro tem a sua origem na dissertação de mestrado de Adilson Paes de Souza, apresentada no âmbito dos seus estudos de pós-graduação na Faculdade de Direito da USP, na área de concentração de Direitos Humanos. Foi defendida e aprovada em 5 de junho de 2012 com louvor, por Comissão Julgadora integrada pelos professores Roberto Romano e André de Carvalho Ramos, que tive a satisfação de presidir na condição de orientador acadêmico do A.

Trata-se de um trabalho importante e de muito mérito. Neste sentido, registro que a Comissão Julgadora, no seu parecer, manifestou apreço pela relevância do tema e pela qualidade da dissertação, salientando, ao mesmo tempo, o significado do empenho de Adilson Paes de Souza em prol da tutela dos direitos humanos. Como seu orientador, realço que foi inspirado por quem, como o A., viveu "de dentro" e não "de fora" o problema do respeito aos direitos humanos no dia a dia da Polícia Militar de São Paulo. Tem como nota identificadora uma sensibilidade própria em relação à matéria, guiada pela preocupação de tornar efetivo o valor da dignidade humana, consagrada na Constituição de 1988 como um dos princípios fundamentais da República Federativa do Brasil (art. 1, III). Resultou de um acadêmico "parar para pensar" arendtiano voltado para verificar em que medida a reflexão permite separar o "certo" do "errado" e superar o risco da banalidade cotidiana da prepotência arbitrária.

Numa época de "universais fugidios" como a nossa, o pensamento, inclusive o de natureza ética, emerge da experiência vivida, como dizia Hannah Arendt. Experiência, do latim *experiri*, quer dizer ensaiar, testar, por à prova, tanto de quem experiencia quanto do que é experienciado, como ensina Miguel Reale, que realça na sua obra o papel da experiência na elaboração do pensamento jurídico. Ao preparar o seu livro, Adilson Paes de Souza valeu-se do concreto da sua experiência na Polícia Militar para pensar com abrangência acadêmica a temática dos direitos humanos no cenário atual da segurança pública. Nos caminhos do seu "parar para pensar" que este livro articula, valeu-se o A. da "lição dos clássicos" para discutir o equilíbrio apropriado do "guardião da cidade" de que fala Platão em "A República". Examinou as normas e diretrizes que, no plano internacional, tratam como o exercício da autoridade, no cumprimento da lei, deve ser balizado pela tutela dos direitos humanos. Discutiu a importância do Programa Nacional e Estadual de Direitos Humanos e as insuficiências do ensino de direitos humanos no Curso de Formação de Oficiais da Polícia Militar e as suas consequências para a precarização de uma segurança cidadã. Com abertura multidisciplinar, tratou dos preconceitos e da prática da tortura. Iluminou com entrevistas esclarecedoras com policiais militares como, na prática, muitos acabam se vendo como "super-homens" ungidos pela convicção e pela insensibilidade de que tudo é permitido em nome da segurança. Isto enseja a insegurança da população, acobertada pela falta de transparência e *accountability* das condutas dos que deveriam ser "guardiões da cidade". Adilson Paes de Souza também alargou os horizontes do seu trabalho com a remissão à experiência internacional, seja pelos aspectos positivos desenvolvidos pela ideia das autoridades da Colômbia de uma segurança cidadã, seja pelos aspectos negativos do *Patriot Act* dos EUA, instaurador de um contínuo estado de exceção voltado para o combate ao terrorismo.

Ao tratar do direito à educação, a Declaração Universal dos Direitos Humanos de 1948, evento inaugural da agenda normativa da vida internacional, realça que a instrução "será orientada no sentido do pleno desenvolvimento da personalidade humana e do fortalecimento e respeito pelos direitos humanos e pelas liberdades fundamentais" (art. XXVI, § 2). É nesta linha que o A. arremata construtivamente o seu livro com relevantes propostas sobre uma nova concepção de educação em direitos humanos no Curso de

Formação de Oficiais, que permita assegurar um apropriado desenvolvimento da personalidade dos integrantes da Polícia Militar e, desta maneira, o fortalecimento do princípio da dignidade humana por meio de uma ponderada tutela dos direitos humanos. Albert O. Hirschman, em livro pertinentemente evocado pelo A., aponta a relevância de dois mecanismos — o da saída e o da voz — mediante os quais uma organização e seus integrantes respondem aos imperativos da mudança, registrando que o maior ou o menor uso da voz ou da saída é dado pela lealdade em relação à organização. Adilson Paes de Souza tem lealdade em relação à instituição à qual serviu durante muitos anos. Esta lealdade não é uma lealdade de acomodação, pois o que o motivou a escrever a sua dissertação, ainda na condição de oficial da ativa da Polícia Militar, foi uma profunda convicção da necessidade de mudança da instituição. Trata-se, portanto, de uma articulada e enfática expressão de voz que ele, com razão, espera que seja ouvida, ainda que a sua recente aposentadoria do serviço ativo da Polícia Militar tenha se configurado como uma saída. *Tantum valet auctoritas quam ratio*, ou seja, é válida a sua *ratio* — a voz das suas razões — mesmo que ela não possua a *auctoritas* para levar adiante as suas propostas de implementar uma paideia de direitos humanos na instituição.

A coragem é uma virtude forte, necessária para a ação pública. Passa pelo sentimento de suas próprias forças ao contrapor-se às tendências majoritárias do próprio grupo de referência profissional. Por isso mesmo, na articulação de um justo inconformismo é capaz, como dizia Cícero, de "enfrentar os perigos e suportar os labores". Este livro de Adilson Paes de Souza é um meritório e qualificado livro corajoso de um homem de coragem.

Celso Lafer
Professor Titular da Faculdade de Direito da Universidade de São Paulo

INTRODUÇÃO

Saída e voz constituem duas formas pela qual a administração toma conhecimento de suas falhas. Com a primeira, os membros da organização optam por deixá-la, com a segunda, nela permanecem, mas expressam sua insatisfação. Ambas são classificadas como "formas endógenas de recuperação" (Hirschman, 1973, p. 25) e, embora possuam características contrastantes, não são necessariamente excludentes.

A saída apresenta movimentos dotados das seguintes características: são claros, ou seja, ou se afasta ou não; são impessoais, uma vez que não há o confronto direto entre o sujeito e a organização, e são indiretos, pois qualquer benefício na organização poderá não ter relação direta com o ato de saída. Muitas vezes foi chamada de traição, fracasso ou deserção.

A voz por sua vez é o oposto da saída. O conceito pode ser confuso, pode ser graduado desde uma simples queixa até violentos protestos, mas é claro, direto e objetivo, não havendo dúvidas quanto à insatisfação, pois "voz é ação política por natureza" (p. 26). Muitas vezes foi chamada de inefetiva ou tortuosa.

A saída só funcionará como forma de recuperação no cenário em que haja espaço para a reação, ou seja, se houver espaço para a empresa se recuperar. Requer para tal fim a coexistência de dois tipos de clientes ou de funcionários: os alertas, que cientes da queda de qualidade atuarão visando à reversão do quadro, e os inertes, que assistem ao declínio, mas creditam ao tempo e a outros fatores a possibilidade de mudança.

A voz, para funcionar efetivamente como complemento ou substituição à saída, deve objetivar uma mudança de hábito, qualquer que seja, da organização a que pertence. Muitas vezes em organizações fechadas, como é a Polícia Militar, não há a opção saída, ou o preço a pagar é muito alto. Assim, a voz é o único meio de expressar o seu descontentamento e buscar mudanças.

Quando um membro de uma organização se mostra descontente com os rumos adotados por ela e acredita que ela está em processo de deterioração, dois caminhos se abrem: a saída ou a voz. Ambas exigem moderação. Segundo Hirschman (1973), a voz, nas organizações fechadas como o Estado, a Igreja e a Polícia "é tudo que os membros dispõem" (p. 27). Se for exagerada, causará mais irritação do que possibilidade de mudança, pois cabe a ela "alertar a firma ou organização de suas falhas, mas precisa dar à direção, nova ou antiga, tempo para reagir" (p. 42).

A opção pela voz ou pela saída depende também do grau de insatisfação do cliente ou do membro da organização. Para Hirschman, o volume da voz aumentaria à medida que as opções de saída fossem diminuindo. À voz cabe toda a responsabilidade de alertar a direção sobre os desvios da empresa.

Contudo há situações em que a voz não é excludente da saída, mas sim subsidiária. Vale dizer, só se recorreria à saída após o exercício da opção voz sem êxito. Seria, nesse quadro, a última medida.

O que motiva uma pessoa a permanecer na instituição mesmo se, sob o seu ponto de vista, ela apresentar um processo de degeneração? Por que persiste na tentativa de mudança e não opta pela saída, de plano? O autor, dentre vários motivos, enfatiza a presença da lealdade, definida por ele "como uma ligação especial com a firma" (p. 83).

Por meio dela acredita-se que é possível mudar o cenário e "conseguir mudanças de dentro" (p. 46) para fora. Fica-se por que acredita que há chances de a organização se recuperar.

O autor esclarece que:

> Um membro muito ligado a uma organização ou produto procurará meios de se fazer influente, principalmente quando a organização se movimenta numa direção que ele considera errada (Hirschman, 1973, p. 83).

Com a lealdade, abre-se à organização a possibilidade de recuperação de falhas de eficiência. Tem a finalidade de evitar que a deterioração se acumule, como acontece com frequência quando não há obstáculos na saída.

A opção voz pode se apresentar também como uma etapa anterior à opção saída. Ela pode retardar a tomada desta opção, mas não a exclui. Nesse sentido, a lealdade também se manifesta. Opta-se por sair quando não consegue produzir as mudanças desejadas pela voz. Mas sai por lealdade, como último recurso, pois:

> A ameaça de saída é característica do membro fiel – isto é, o membro que se interessa – que mexe todos os pauzinhos antes de resignar-se à dolorosa decisão de se retirar ou mudar (Hirschman, 1973, p. 87).

Em organizações fechadas, como é a Polícia Militar, há o que o autor denomina lealdade inconsciente. Por meio dela, o membro da organização, para não se decepcionar, ou por temer sanções, se conforma e não admite a existência da deterioração. Como consequência, a lealdade inconsciente retarda ou impossibilita o uso da voz.

O autor também discorre sobre o efeito da lealdade inconsciente sobre a teoria da dissonância cognitiva.

Numa organização como a Polícia Militar, em que a iniciação é rigorosa, há maior grau de frustração de seus integrantes, posto que, à medida que vão vivenciando experiências, e que elas são contrárias às suas crenças, há o surgimento e o agravamento de frustrações, principalmente devido à enorme diferença do que imaginava ser e o que é a realidade.

Essa insatisfação, em condições normais, poderia levar à mudança, quer pela opção saída, quer pela voz. Contudo, a manifestação da lealdade inconsciente e a consequente apatia do sujeito, afasta a possibilidade de mudança. Cenário bem recorrente na Polícia Militar.

Este livro trata de temas relacionados à saída e à voz. Relata a insatisfação com os rumos tomados pela Polícia Militar e o desejo de que se realize profundas mudanças para que ela possa, realmente, cumprir o papel de proteger a sociedade com pleno respeito aos direitos básicos de cada um de seus membros, indistintamente.

Com esse objetivo, o presente livro foi concebido com a intenção de entender o porquê das graves violações de direitos humanos por parte dos policiais militares, como é sobejamente exposto por organismos nacionais e internacionais de defesa dos direitos humanos e pela imprensa.

Tratará desde a educação do guardião da cidade, na antiguidade, comparando-a com os tempos atuais, até a análise de como se desenvolve a educação em direitos humanos na Polícia Militar do Estado de São Paulo; em seguida serão analisados alguns fatores que são determinantes para a prática de toda sorte de violência pelos policiais militares. Prosseguirá com uma exposição de dados, oriundos de diversas fontes, que expõem o preocupante cenário atual de violações perpetradas pelas forças policiais. Por fim, na conclusão, será proposto um modelo de monitoramento que, se crê, seja eficaz no controle da sociedade sobre como se desenvolve a educação em direitos humanos na Polícia Militar.

Serão tecidas algumas considerações sobre a formação daquele que recebe a incumbência de proteger a sociedade e sobre como deve ser o exercício de sua autoridade. Estabelece-se como modelo o ideal de Platão para a educação do guardião da cidade, retratado em sua monumental obra "A República". Busca-se o ideal principalmente porque sua ação repercute na vida de muitas pessoas.

Serão analisados, também, documentos mais recentes que estabelecem parâmetros para a atuação do policial militar. Refere-se às normas da Assembleia Geral da ONU e do Comitê Internacional da Cruz Vermelha destinada aos funcionários responsáveis pela aplicação da lei.

Será efetuada uma análise comparativa entre o que estabelece o Terceiro Programa Nacional de Direitos Humanos (PNDH III), o Programa Estadual de Direitos Humanos, a Lei de Diretrizes e Bases da Educação Nacional (LDB), as normas internas da Polícia Militar aplicadas ao ensino e ao conteúdo programático do ensino de Direitos Humanos no Curso de Formação de Oficiais da Polícia Militar do Estado de São Paulo. Há correlação de matérias? São observadas, pela Polícia Militar, as diretrizes traçadas pelos Programas Nacional e Estadual de Direitos Humanos? A Lei de Diretrizes e Bases da Educação é cumprida? Como são realizadas as contratações dos docentes civis e policiais militares para a disciplina de Direitos Humanos?

Serão abordadas duas questões de alta relevância e que, portanto, são responsáveis pelo triste quadro de violações praticadas pela Polícia Militar. Tratar-se-á do preconceito e da tortura.

O preconceito definido por Montesquieu "como não aquilo que faz com que ignoremos certas coisas, mas o que faz com que nos ignoremos a nós mesmos" (2009, p. 14), merece ser analisado, pois influencia sobremaneira na eficácia ou não, do ensino dos direitos humanos nas instituições policiais.

Deve-se levar em conta qual o real motivo que leva o policial a agir de maneira arbitrária contra a população. É importante orientar o foco das atenções para a questão do preconceito, pois por meio (e por causa) dele, as pessoas, no caso os policiais, expressam um comportamento no qual há um juízo de valor preestabelecido, segundo regras próprias e que se encontra solidificado. Nesse contexto manifesta-se uma indiferença pelo outro, acarretando uma avaliação de "cima para baixo" (Barros, 2009), estabelecendo, desde então, uma relação de superioridade em relação aos demais membros da sociedade.

No que se refere à tortura, alguns paradoxos se estabelecem: nenhum policial militar gosta de ser torturado, mas por que pratica a tortura visando a elucidar um determinado delito? Nenhum policial aceita tratamento humilhante, mas por que usa a força que lhe é concedida pelo poder público para humilhar cidadãos, sobretudo os mais humildes? Todo policial apela para os seus direitos, quando preso em situação justa ou injusta, mas porque nega os mesmos direitos aos presos por ele? O rol do arbítrio e da falta de respeito aos seres humanos é, infelizmente, rotina em muitos setores da polícia, tanto no plano internacional quanto no Brasil.

Para Sherman Carrol, ex-Secretário Geral da Anistia Internacional (1984, p. 4), a tortura não ocorre somente por sadismo de quem a pratica. Ela possui como componentes teóricos o isolamento, a humilhação, a pressão psicológica e a imposição de dor física. Todos eles são meios de obter informação, de subjugar o preso e de intimidá-lo. O torturador, por sua vez, busca que o violentado pratique uma confissão, uma delação, silencie sobre fatos que tenha presenciado ou assuma a responsabilidade daquilo que não praticou. Infelizmente, há a denúncia por parte de diversas organizações de defesa de direitos humanos, da prática sistemática e disseminada desse expediente.

Serão tecidas, também, considerações sobre o problema do mal, ou seja, o mal ativo e o mal passivo, tendo por base um texto denominado "Os deuses fracassaram (Algumas questões sobre o problema do mal)" (Bobbio, 2002). Constata-se que um ato de violência gera vítimas em ambos os lados, tanto em quem o comete como em quem o sofre.

Também serão apresentados dados estatísticos sobre a difícil realidade com que deparamos e que demonstram toda forma de violações. De acordo com Sarmento (2011):

> Relatório da Ouvidoria da Polícia de São Paulo aponta que mais de uma pessoa foi morta por dia em São Paulo por um policial militar entre 2005 a 2009. Com uma população quase oito vezes menor que a dos Estados Unidos, o Estado de São Paulo registrou 6,3% mais mortes cometidas por policiais militares do que todo os EUA em cinco anos, levando em conta todas as forças policiais daquele país. Dados divulgados pela SSP (Secretaria de Segurança Pública), e analisados pela Ouvidoria da Polícia, revelam que 2.045 pessoas foram mortas no Estado de São Paulo pela Polícia Militar em confronto – casos que foram registrados como resistência seguida de morte – entre 2005 e 2009.

Já o último relatório divulgado pelo FBI (polícia federal americana) aponta que todas as forças policiais dos EUA mataram em confronto 1.915 pessoas em todo o país no mesmo período. As mortes são classificadas como *justifiable homicide* (homicídio justificável) e definidas pelo "assassinato de um criminoso por um policial no cumprimento do dever" (Sarmento, 2011, p. 1).

Buscando entender a motivação de um policial militar para cometer homicídios, caracterizados como execução sumária extrajudicial, serão também apresentados, sob a forma de entrevistas, relatos de ex-policiais militares que praticaram tais crimes. Nesses relatos será exposto o que os levou a praticar tais delitos, o que eles sentiram, quais as consequências dos atos e, na percepção deles, onde está o erro e o que precisa ser feito para alterar esse quadro, impedindo que novos jovens cometam os mesmos erros.

Em seguida, serão apresentados dois exemplos de soluções em segurança pública, adotados por dois países. Será apresentado um exemplo atual e paradigmático dos efeitos nocivos da falta de transparência. Refere-se aqui aos Atos Patrióticos editados pelo governo norte-americano. Em sentido contrário, será apresentado um exemplo positivo, que se traduz em boas práticas e que serve de modelo. Trata-se do programa Segurança Cidadã, desenvolvido pelo governo colombiano.

Com base em análises dessas ações, será demonstrado como uma ação que, inicialmente, visava a proporcionar mais segurança aos cidadãos, ocasionou mais insegurança.

Será efetuada breve análise do princípio da proporcionalidade, justamente para que não ocorram exageros na implementação dessas medidas que poderão ocasionar efeitos indesejados. Também serão tecidas considerações sobre o real significado da educação em direitos humanos e sobre como ela deve ser concebida na Polícia Militar do Estado de São Paulo.

Será abordada a questão referente à transparência e à proporcionalidade dos atos da polícia e, como forma de assegurar isto, será proposta a adoção de mecanismos de controle pela sociedade.

Norberto Bobbio na sua obra "Público e Privado" (1990) realça que a expressão "Público" também tem a conotação de transparente, de acesso a todos (Lafer, 1993). Diversos estudos em vários países estabelecem que a relação Polícia e Sociedade deve-se desenvolver num contexto de *accountability* (Neto, 1992, 1993) que também adquire o significado de prestação de contas e transparência. A falta de transparência ameaça a democracia, pois abre um vasto campo para que os segredos, as mentiras e os desmandos predominem (Lafer, 2009).

Bobbio (1984) define "o governo da democracia como o governo do poder público em público" (p. 84), e assevera que a expressão "público" tem um outro significado além do que foi exposto anteriormente. Ele contrapõe ao que vem a ser secreto. Nesse contexto, ele "tem o significado não de pertencente à coisa pública ou ao estado, mas de manifesto, evidente, mais precisamente de visível" (p. 84).

Para Bobbio (1984), na democracia "o caráter público é a regra, o segredo a exceção, e mesmo assim é uma exceção que não deve fazer a regra valer menos, (...)" (p. 86). As decisões tomadas em segredo pelas autoridades públicas, por mais importantes que sejam e por mais que possam agir em nome da sociedade, "não podem jamais ter um caráter representativo" (p. 87).

Para Kant, "Todas as ações relativas ao direito de outros homens, cuja máxima não é suscetível de se tornar pública, são injustas" (Kant, 1956, p. 328 *apud* Bobbio, 1984, p. 90).

Bobbio exalta a supremacia da transparência dos atos das autoridades públicas, asseverando que é através da publicidade dos atos que se conseguirá "debelar o poder invisível" (p. 103). Nesse sentido, ele expõe o que vem a ser três divisões do poder: o subgoverno, o criptogoverno e o poder onividente.

Por subgoverno, deve-se entender "o governo da economia" (Bobbio, 1984, p. 103). Nele o governo é responsável por conduzir a economia, sendo responsável por todos os órgãos de gestão econômica do estado. Para Bobbio esse governo "pertence em grande parte à esfera do poder invisível, na medida que se subtrai (...) ao controle do poder democrático e ao controle jurisdicional (p. 103).

Criptogoverno é definido como

> o conjunto de ações realizadas por forças políticas eversivas que agem na sombra em articulação com os serviços secretos, ou com uma parte deles, ou pelo menos por eles não obstaculizadas (Bobbio, 1984, p. 104).

Percebe-se, na atualidade, a existência do criptogoverno quando as autoridades públicas negam à sociedade informações sobre fatos que se traduziram em graves violações de direitos humanos, como a operação policial conhecida por "Operação Castelinho" e a resposta das forças policiais estaduais aos ataques do Primeiro Comando da Capital, ocorridos em maio de 2006, cujos nomes das vítimas do confronto com a polícia não foram divulgados.

Por governo onividente entende-se aquele que, devido ao uso dos computadores, pode ter "um conhecimento capilar dos cidadãos de um grande estado por parte de quem detém o poder" (Bobbio, 1984, p. 106).

O autor alerta para o perigo de "um estado dono dos grandes memorizadores artificiais", que vê a tudo e a todos sem ser visto e que pode representar:

> uma tendência oposta à que deu vida ao ideal da democracia como ideal do poder visível: a tendência não mais rumo ao máximo controle do poder por parte dos cidadãos, mas ao contrário rumo ao máximo controle dos súditos por parte de quem detém o poder (Bobbio, 1984, p. 106).

Em homenagem à transparência constarão, em anexo, os currículos da disciplina Direitos Humanos e as cargas horárias do Curso de Formação de Oficiais, para que a sociedade tenha acesso e possa opinar.

Estudando o Protocolo Facultativo à Convenção da ONU para a Prevenção da Tortura verificou-se a previsão de implementação do mecanismo nacional de prevenção. Aliado a isto, da análise da atuação da Pastoral Carcerária da Conferência Nacional dos Bispos do Brasil – CNBB, consubstanciada no Relatório sobre Tortura (2010), ressalta-se a importância da realização das visitas de monitoramento por uma comissão composta de representantes da sociedade com atuação independente e sem vínculo de subordinação, justamente para garantir o exercício do controle social e a supremacia da transparência.

O que será proposto terá como referencial esse mecanismo de adoção das visitas de monitoramento, para que se possa implementar um mecanismo análogo que será empregado por uma comissão, instituída por lei, composta por membros da sociedade civil com atuação na defesa dos direitos humanos cuja missão será avaliar, sob o olhar da sociedade, como se desenvolve a educação em direitos humanos na Polícia Militar.

Num estudo realizado com vinte e três policiais, civis e militares, que atuaram na repressão ao regime militar no Brasil e que praticaram, de forma sistemática, tortura e assassinato, Huggins, Fatouros e Zimbardo concluíram que:

> A atrocidade em série foi criada por uma dinâmica interrelacionada que incluía três esferas (...): a política de uma ideologia de segurança interna, a hierarquia especializada e a organização competitiva de unidades de controle social e a sociopsicologia a estas associada de desindividualização, obediência, desumanização, aceitabilidade da violência modeladora e descomprometimento moral (Huggins, Fatouros & Zimbardo, 2006, p. 300).

Prosseguindo na análise, os autores alertam para:

O fato de, mesmo nas democracias, a atividade policial conter pressões inerentes no sentido de desrespeito à lei indica que as atrocidades dos policiais brasileiros podem fazer parte de um *continuum* organizacional de violência policial (Huggins, Fatouros & Zimbardo, 2006, p. 349).

Manifestando as mesmas preocupações de Norberto Bobbio, os aludidos autores enfatizam a imperiosa necessidade da transparência no trato da questão, pelos órgãos governamentais, a saber:

> O fato de a violência policial nas democracias ocidentais modernas não ter atingido, em circunstâncias rotineiras, o nível do Brasil... pode ser resultado de um Estado formalmente democrático que estabelece algumas restrições constitucionais à polícia. Contudo essas restrições podem ser reduzidas ou destruídas quando se determina que esquadrões especializados, sem supervisão (ou secretamente estimulados a fazê-lo) exerçam o "controle do crime" para "de maneira eficiente" moderar a ação dos outros perigosos" (Gordon, 1990 *apud* Huggins, Fatouros & Zimbardo, 2006, p. 349).

Marcuse (1999), analisando a amplitude do Movimento de Maio de 1968, alerta para uma nova concepção de sociedade. Para ele, o movimento representou muito mais que uma simples revolta estudantil, e sim um meta-movimento que questionou todos os padrões estabelecidos pela sociedade moderna e nos faz refletir sobre o respeito à diversidade, ao pluralismo e à diferença. É a tarefa que se impõe nesse momento.

CAPÍTULO 1
O cenário atual

O cenário não é alentador. Constantemente, são veiculadas pela imprensa notícias advindas de toda parte relatando fatos que se traduzem em graves violações de direitos humanos. Também é fato que, a par dessas violações, muito tem se propalado sobre a defesa desses mesmos direitos. Embora ninguém rejeite o princípio de defender os direitos humanos, estes são violados em qualquer lugar (Lukes, 1993).

Em um interessante artigo no periódico *Le Monde Diplomatique*, Bava (2010, p. 3) retrata exatamente este cenário. Entre as causas, que são várias, o autor elenca a justiça que não funciona, principalmente para os pobres; a polícia que mata com impunidade, ao invés de garantir a lei e a ordem; a cultura predominante de que o importante é tirar vantagem de tudo e sobre todos; políticas públicas que não garantem a proteção social das famílias, entre outras. Tudo leva ao desaparecimento da coisa pública, do que vem a ser interesse comum, da afirmação dos direitos e das regras de convivência democrática. Há uma grande lacuna entre a letra da lei e a realidade.

Pode-se citar como exemplo a questão da violência contra as mulheres. Castro (1994) aponta a existência do fenômeno denominado Apostasia Jurídica, segundo o qual a realidade fática impede que a lei produza os efeitos desejados na mudança do comportamento das pessoas numa comunidade, tornando-se prisioneira da ambivalência sociocultural que predomina.

O mesmo autor assegura a inegável existência de um grande avanço legislativo através dos tempos consubstanciado na positivação dos direitos das mulheres. Também é fato que, apesar da existência de um forte arsenal legislativo, a efetividade desses direitos ainda está longe de ser alcançada. Verucci (1987) alerta que a lei e sua aplicação refletem a realidade social em que vivemos, com suas contradições, avanços e recuos. Lei nenhuma mudará, por si só, uma realidade. Idêntica situação se verifica na questão da violência policial.

Presença constante em discursos de diversas autoridades representantes de todos os poderes do Estado, inclusive na polícia e em documentos oficiais, a defesa dos direitos humanos vem sendo exaltada. Alguns exemplos merecem destaque.

Ao transmitir o cargo de Comandante Geral, o Coronel PM Roberto Antonio Diniz, antepenúltimo ocupante do cargo, em seu discurso (Diniz, 2009), afirmou que a corporação era essencial à realização da justiça e da paz social.

Em seu discurso de posse, o Coronel PM Álvaro Batista Camilo, Ex-Comandante Geral, elencou os princípios norteadores da ação da Polícia Militar merecendo destaque o estabelecimento de forte parceria com a comunidade, a atuação como polícia garantidora da democracia e o respeito aos direitos fundamentais do cidadão (Camilo, 2009).

O Coronel PM Roberval Ferreira França, sucessor do Cel Camilo no Comando Geral da corporação, de idêntica maneira, em seu discurso de posse, ressaltou que a atuação da polícia militar se desenvolverá "pelo mais absoluto respeito aos direitos humanos" (França, 2012, p.4).

Os direitos humanos são considerados um dos três pilares do Sistema de Gestão da Polícia Militar do Estado de São Paulo, denominado Gespol (2010) no qual é assegurado que a atuação de seus integrantes deve ocorrer em "observância irrestrita" aos direitos fundamentais da pessoa humana, "abstendo-se de qualquer preconceito ou discriminação" (p. 12).

O mesmo documento, ao discorrer sobre a educação, estabelece que a promoção e o respeito aos direitos fundamentais do homem são prioridades. Refere-se à educação em direitos humanos como um dos pilares básicos do ensino na corporação afirmando que há transversalidade na transmissão dos conceitos e princípios de Direitos Humanos" (p. 48), fazendo alusão expressa às 90 horas/aula que compõem a grade curricular da disciplina Direitos Humanos do Curso de Formação de Oficiais, atualmente denominado Bacharelado em Ciências Policiais de Segurança e Ordem Pública.

Existem na Polícia Militar do Estado de São Paulo outros documentos que afirmam como objetivo da instituição a prevalência dos direitos humanos.

No item 6.2 das Diretrizes Finais do Planejamento Estratégico 2008-2011, consta que:

> Os direitos humanos e a dignidade da pessoa são marcos da justiça, pois não podemos falar em justiça sem tratarmos do respeito aos direitos humanos. A justiça só está presente onde os direitos humanos são respeitados. Isso implica afirmar que desrespeitá-los constitui-se em injustiça. Defendê-los é defender e promover a justiça; é respeitar a pessoa acima de tudo (p. 39).

O Regulamento Disciplinar da Polícia Militar (2001) estabelece, no artigo 7º, inciso X, a dignidade como sendo um dos valores fundamentais do policial militar, no artigo 8º inciso XXIX, impõe como dever do policial militar "observar os direitos e garantias fundamentais, agindo com isenção, equidade e absoluto respeito pelo ser humano, não usando sua condição de autoridade pública para a prática de arbitrariedade" (p. 6) e no artigo 12 § 2º classifica como transgressões disciplinares graves as que venham a ser atentatórias aos direitos humanos fundamentais.

A Instrução para correspondência na Polícia Militar (2006), no artigo 35 § 5º estabelece a obrigatoriedade de constar no rodapé de todo documento redigido na Polícia Militar a seguinte frase: "Nós, Policiais Militares, sob a proteção de Deus, estamos comprometidos com a Defesa da Vida, da Integridade Física e da Dignidade Humana" (p. 16).

No aspecto educacional, verifica-se a existência da disciplina Direitos Humanos em diversos cursos existentes na Polícia Militar.

Contudo, no que cabe à polícia, inúmeras entidades de defesa dos direitos humanos, a imprensa e a população vêm denunciando a ocorrência sistemática de violações por parte de seus integrantes e nota-se que não são poucas as vezes em que isto ocorre. Alguns exemplos, entre vários, merecem ser mencionados.

De acordo com o Informe 2010 – Anistia Internacional: O Estado dos Direitos Humanos no Mundo, na seção dedicada ao Brasil, constatou-se que, em 2009, a polícia torturou e prendeu em más condições. O relatório é claro ao afirmar que os policiais utilizam força excessiva, praticam tortura com impunidade e cometem execuções sumárias extrajudiciais.

Segundo a Anistia Internacional, as polícias dos Estados de São Paulo, Rio de Janeiro e Maranhão são as que apresentam maior destaque em brutalidade.

O relatório apontou a existência de "limitadas" reformas na área da segurança pública e reconheceu que tal assunto foi negligenciado, durante muito tempo, pelas autoridades. Na mesma linha de raciocínio, Tim Cahil (2010), um dos responsáveis pela sua elaboração, afirma categoricamente que a polícia continua hostil, apontando o grave envolvimento de policiais com o crime organizado e grupos de extermínio. Ele também constatou que moradores de favelas e líderes de comunidades pobres vivem sob o domínio de grupos criminosos armados e que são "submetidos a incursões policiais de estilo militar". "Essa é uma situação antiga e mal combatida no Brasil", concluiu ele.

No capítulo que trata sobre "Forças policiais e de segurança", o relatório traz diversos pontos sobre o uso excessivo de força, de execuções extrajudiciais e de torturas cometidas por policiais. O relatório diz sobre as tais "Unidades de Polícia Pacificadora" e outras iniciativas do tipo que:

> Embora as iniciativas tenham sido bem recebidas por alguns setores da sociedade, sobretudo a classe média segundo o Centro de Media Independente, alguns moradores das áreas em que os projetos foram implementados reclamaram de discriminação (Cahil, 2010, p.1).

De acordo com o relatório, em 2009, no Rio de Janeiro, a polícia matou 1.048 pessoas em supostos "autos de resistência" e em São Paulo o número foi de 543 (um aumento de 36% em relação ao ano de 2008).

Ele também dá destaque às operações "Saturação" do governo estadual de São Paulo, que são ocupações no estilo militar de comunidades por períodos de noventa dias; mencionando, em especial, a "operação saturação" na comunidade de Paraisópolis onde houve denúncias de casos de tortura e de uso excessivo da força, de intimidações, de revistas arbitrárias e abusivas, de extorsão e de roubo por parte dos policiais. O relatório também denuncia as Milícias (grupos armados parapoliciais) no Estado do Rio de Janeiro e as condições das prisões brasileiras.

Anterior a esse relatório, Alston (2008), relator especial da ONU para execuções sumárias, arbitrárias e extrajudiciais, já afirmava que a polícia se beneficiava de uma "carta branca para matar", havendo um conflito entre o direito de ter segurança e o de não ser vítima de disparos arbitrários por parte da polícia.

Outro exemplo merece registro. No dia 24 de julho de 2010, um motorista parado numa *blitz* policial foi espancado por policiais militares por ter recusado dar dinheiro a eles, uma vez que seu veículo estava com a documentação irregular. A violência foi tamanha que o motorista corre o risco de perder a visão (Uol News, 2010).

No mês de janeiro de 2011, uma pessoa com deficiência física foi agredida por um policial. Tudo começou porque ele viu uma pessoa, não portadora de deficiência, estacionando o veículo em uma vaga reservada. Indignado com isto buscou explicações quando foi ofendido verbalmente, ameaçado de morte com uma arma de fogo apontada em sua direção e recebeu uma cusparada. Posteriormente, a vítima ficou sabendo que o agressor era delegado de polícia (Globo.com, 2011).

No mês de agosto de 2011, dez policiais militares foram filmados, por um dos colegas, molestando uma pessoa ferida. O ato revelou ser de uma covardia e de uma falta de respeito pela vida e pela dignidade humana sem precedentes. Enquanto a pessoa agonizava, os policiais militares proferiam palavras de baixo calão e zombavam de sua situação. Houve o claro retardo em providenciar socorro a um hospital (Uol News, 2011).

Mesmo assim, a polícia propala, com grande alarde, a existência de significativos avanços no combate à violência policial e justifica a existência de fatos, como os anteriormente narrados, resultantes de uma atitude isolada.

Na verdade, verifica-se a relativização da vida. Pessoas são consideradas estatísticas: um fato chama maior atenção se tiver muitas vítimas (Adorno, 2006). O mesmo artifício é utilizado pelas autoridades da área de segurança pública quando se propala a redução do número de mortes pela polícia. Enaltece-se a queda dos números pura e simplesmente, não se importando com a vida. Não há questionamento sobre como se deram as mortes registradas. Uma única morte resultante de execução sumária extrajudicial já é, por si só, um absurdo. Deve-se, portanto, efetuar uma análise qualitativa e não somente quantitativa, principalmente porque estamos falando de vidas.

Há que se falar em categorias de pessoas que merecem morrer, tal qual o *homo sacer*, descritas por Agambem (2004), para purgar os males da sociedade? Essa questão carece de importantes questionamentos.

Um grande número de documentos legais, nacionais e internacionais, dos quais o Brasil é signatário, apregoa e busca assegurar a supremacia e a prevalência dos direitos humanos. Contudo, eles estão longe, efetivamente, de serem observados e promovidos (Alves, 2007; Comparato, 1999; Moser & Rech, 2004).

No plano nacional, notamos a forte presença dos direitos humanos no preâmbulo da Constituição e como princípio norteador das relações internacionais da nossa república. Assim, com tal destaque, servem de parâmetro na elaboração das diretrizes políticas, filosóficas e ideológicas do nosso país (Moraes, 1998).

Os direitos decorrentes dos tratados internacionais integram a nossa legislação pátria e devem ser prontamente obedecidos. Para Piovesan (2002), tais direitos possuem a hierarquia de norma constitucional, incluindo-os no elenco dos direitos constitucionalmente garantidos, que apresentam aplicabilidade imediata. Há muito difundiu-se a ideia de que a proteção dos direitos humanos não cabe somente ao estado, mas sim a toda comunidade internacional. Há uma revisão da tradicional noção de soberania (Piovesan, 2006 e 2008; Velten, 2008) ou como afirmou Alves (2007) os Estados permitem uma intrusão na sua soberania.

Isto ocorre porque os direitos humanos têm como sujeitos não os Estados, mas o homem e a mulher como cidadãos do mundo (Bobbio, 1992).

A dignidade humana elevada a princípio fundamental da Magna Carta (artigo 1º, inciso III) constitui o núcleo básico e informador de todo o ordenamento jurídico brasileiro (Moraes, 1997) e é justamente neste princípio que se fundamentam os direitos humanos (Marcílio, 2008).

Ou seja, de um lado, há um amplo espectro normativo, nacional e internacional, de proteção dos direitos humanos e de outro lado a sistemática violação desses mesmos direitos, praticada, muitas vezes, por policiais militares. Justamente eles que receberam o *múnus* público de proteger a sociedade. Entender porque isto ocorre e buscar uma solução para tal problema é tarefa necessária e urgente.

Esquivel (1985), Prêmio Nobel da Paz em 1980, preocupado com o cenário de constantes violações dos direitos humanos, alertou para a existência de uma ideologia atentatória à essência do ser humano identificada por ele como sendo a Doutrina de Segurança Nacional. Na sua visão, a vida humana viu-se, de pronto, submetida aos interesses daqueles que se auto-outorgaram o direito de governar e de decidir pelos outros.

Para ele, numa interessante análise, as violações de direitos humanos são resultado de um processo educativo e de formação que foi gestado na mente daqueles que detêm o poder e que querem exercê-lo a qualquer custo. O povo, titular do poder, repentinamente é convertido em inimigo do poder estabelecido.

Trazendo para os dias atuais verifica-se que nada mudou para melhor. É comum ouvir manifestações de pessoas da comunidade, nas mais variadas classes sociais, de temor e desconfiança da polícia. Esta, por sua vez, adota uma posição antagônica com a população. Busca não adquirir o respeito, mas sim impor o medo. É muito comum ouvir na seara das instalações policiais a seguinte expressão, "Paisano é bom, mas tem muito". Expressão essa utilizada para designar aqueles que não usam uniforme, ou seja, o cidadão comum.

Prosseguindo em sua análise, o autor constatou que a sociedade está enferma e desumanizada, consequência da aplicação da Doutrina de Segurança Nacional. Essa doutrina gerou profundas mudanças no sistema educacional, corroborando na formação das pessoas, em todos os níveis escolares, com a sedimentação de incorretas noções do que vem a ser direitos humanos. Esse desvirtuamento trouxe consequências danosas a toda sociedade.

Como solução, apregoa não somente uma mudança em todo sistema de ensino, contaminado pela mencionada Doutrina de Segurança Nacional. Aqueles que estão encarregados dessa mudança devem, na prática, dar bons exemplos. Para ele, o respeito aos direitos humanos deve ser algo que surja no interior de cada pessoa e que se converta em uma forma de vida, produto de interação e de experiências compartilhadas entre professores e alunos, entre pais e filhos e em toda a sociedade.

Isso encontra eco em Immanuel Kant que, no Primeiro Imperativo Categórico da sua obra "Fundamentos da Metafísica dos Costumes" diz o seguinte: "Age unicamente segundo a máxima pela qual tu possas querer, ao mesmo tempo, que se transforme em lei geral" (Kant, 2008, p. 1). Impõe que a pessoa deve agir tendo as demais pessoas como fim em si mesmas, não levando em consideração nenhum fator estimulante externo à sua razão. Faz ou deixa de fazer algo por considerar correto e por não querer que tal fato ocorra em seu proveito próprio.

Por fim, Esquivel conclui que a consolidação da democracia não ocorrerá sem que haja mudanças profundas na sociedade, e em especial, uma revisão e reestruturação do sistema educativo vigente, além de uma sistemática e participativa prática de educação em direitos humanos.

Numa interessante análise, o professor Dallari (2006), externando as mesmas preocupações que Esquivel, enumera alguns obstáculos que acarretam dificuldades para a situação dos direitos humanos em nosso país.

O principal obstáculo está na incompreensão de termo, que segundo ele "é, grande parte, filha da ignorância; é uma compreensão errada, distorcida, incompleta do que são direitos humanos" (Dallari, 2006, p. 174).

Para Dallari (2006), a primeira grande resistência aos direitos humanos partiu da identificação deste com o comunismo. De acordo com essa posição, surgida na época da ditadura militar e existente até hoje, os defensores dos direitos humanos são comunistas ou são defensores do comunismo, pondo em risco a propriedade privada e a liberdade individual. Aqui a constatação de Esquivel sobre o nefasto efeito da Doutrina de Segurança Nacional encontra eco.

Com o fim do regime militar, surge a argumentação de que os direitos humanos protegem os criminosos. Falar em direitos significa proteger marginais de toda espécie, discurso esse muito presente em nossa sociedade.

O terceiro tipo de resistência, segundo Dallari (2006), ocorria nas redações dos jornais. Baseado na experiência pessoal, o autor relata que publicava artigos com facilidade, mas depois de algum tempo a situação mudou, recebia constantemente comunicados

dos órgãos de imprensa alegando falta de espaço para publicar. Portanto, falar em direitos humanos não era rentável e não servia ao gosto da opinião pública.

Temos hoje um tipo de resistência aos direitos humanos, muito presente em diversos setores da sociedade, inclusive nas universidades: os direitos humanos são para os "humanos direitos" (Dallari, 2006, p. 180). Posição essa conservadora que deturpa e colabora para o mau entendimento do termo e serve de base para que muitos direitos civis, políticos, econômicos e sociais deixem de ser implementados, sobretudo em prol das populações mais carentes. Bobbio (1992) alerta para a separação dos cidadãos em duas classes: primeira e segunda.

O autor aponta dois caminhos para vencer tais resistências. O primeiro é o estabelecimento de um diálogo. Para ele o ser humano é um ser muito inteligente e racional, assim "por mais resistente que alguém seja, a palavra é a maneira de estabelecer um diálogo e de reduzir pelo menos as resistências" (Dallari, 2006, p. 184).

O segundo é que se deve aproveitar todas as oportunidades para falar de direitos humanos. O envolvimento das pessoas quer denunciando irregularidades, quer se mobilizando e buscando soluções para os problemas que afligem às suas comunidades é de vital importância para a introdução e manutenção dos direitos humanos em evidência. Quanto mais se discutir, mais esclarecimento haverá sobre o correto significado do tema.

E, por fim, "a sedimentação da ideia de que os direitos humanos são uma exigência da justiça, são exigências da dignidade humana" (Dallari, 2006, p. 187). Para Soares (2003), a defesa aos direitos humanos é tida como um desrespeito à segurança pública, segundo o autor:

> Eles (os que são contra os direitos humanos) não compreendiam que dar à polícia liberdade para julgar, sentenciar e executar a pena capital, implicava converter os policiais em agentes da barbárie e

provocava a degradação institucional, a desordem interna e a corrupção (p. 9).

O que e como fazer para alterar essa triste realidade? Dentre as várias soluções possíveis optou-se, no presente livro, pela análise da educação em direitos humanos na Polícia Militar. Diante de tudo que foi exposto, vê-se que a educação em direitos humanos é essencial e sua prática se faz urgente.

Faz-se necessário dar destaque a dois documentos de suma importância para a humanidade. Refere-se à Declaração Universal dos Direitos Humanos e à Declaração e o Programa de Ação de Viena sobre os Direitos Humanos.

Ambos os documentos são exemplos claros e inequívocos de que a existência de tensões, de um clima de desconfiança entre os participantes e de toda sorte de complicações e disputas não foram capazes de evitar, em dois momentos distintos e cruciais do nosso mundo, o alcance do consenso.

A Declaração Universal estabelece, de maneira inequívoca, o primado da dignidade da pessoa humana. Estabelece ainda uma única condição para ser titular de direitos: o nascimento com vida. A Declaração e o Programa de Ação de Viena, de maneira unânime, "reafirma a universalidade de todos os direitos humanos e, ao mesmo tempo, sua indivisibilidade, interdependência e inter--relação…" (Saboia, 1994, p. 8). É indispensável adotá-los como referência na educação em direitos humanos na Polícia Militar.

CAPÍTULO 2
A Declaração Universal dos Direitos Humanos

A Declaração Universal dos Direitos Humanos é definida por Marrey (2008) como "um marco histórico na luta pela igualdade, liberdade e pela dignidade da pessoa humana ..." (p. 7). Exaltando a sua importância, o embaixador José Augusto Lindgren Alves (2007), afirmou que com a declaração foi definida, de maneira inédita, a temática dos direitos humanos e das liberdades fundamentais como padrão e aspiração comuns por todos os povos e nações, "noções até então difusas, tratadas apenas de maneira não uniforme, em declarações e legislações nacionais" (p. 46).

Já para Marcílio (2008), a Declaração Universal estabelece o primado da dignidade humana e do bem comum cuja força expansiva gerou efeitos em vários países.

Graças aos seus postulados, valores essenciais à vida humana tais como a tolerância, a liberdade de pensamento e de expressão e o respeito à pessoa humana passaram a constar nas constituições de diversos países democráticos.

Segundo a autora, ela "trouxe uma colaboração básica entre a ética e a solidariedade universal do mundo globalizado, uma esperança para um convívio melhor" (p. 19).

A declaração estabelece, como fundamento básico dos direitos humanos, a dignidade da pessoa humana. Quando aquela é violada estes também serão. Deixa claro que o principio do Bem Comum "deriva dos princípios da dignidade, da unidade e da igualdade das pessoas" (p. 20).

O Bem Comum é estabelecido como meta prioritária da sociedade e somente será atingido se tiver como resultado o respeito e a promoção da pessoa de forma integral e com respeito aos direitos fundamentais. Constitui-se, dessa forma, na razão de ser da autoridade pública.

A autora alerta para a íntima relação entre dignidade da pessoa humana, cidadania e democracia participativa cujos valores essenciais são "a verdade, a liberdade, a justiça e a fraternidade" (p.21).

Analisando seu conteúdo, vê-se que a Declaração Universal reconhece, no preâmbulo, a dignidade e a liberdade como direitos inalienáveis e inerentes a todos os seres humanos. Propugna por um mundo onde todos têm o direito à liberdade de expressão e de viverem a salvo do temor e sob a égide do Estado de Direito. Enfim, realça a fé nos direitos humanos fundamentais, na dignidade e no valor da pessoa humana, e na igualdade de direitos entre homens e mulheres, proclama ser o objetivo de cada indivíduo e de cada órgão da sociedade a promoção dos direitos e liberdades nela inseridos por meio do ensino e da educação.

Para Béo, Almeida & Sales (2008), ao estabelecer, no artigo I, que todos nascem livres e iguais em dignidade e direitos, a Declaração Universal impõe, como única condição para ser titular de direitos, o nascimento com vida. Assim, os direitos humanos devem ser observados por todos e "são considerados inalienáveis estando acima de qualquer decisão do Estado" (p. 19). Como corolário do direito à igualdade, surge o princípio da não discriminação, previsto no artigo II da Carta, em profundo respeito à diferença, à pluralidade e à diversidade.

No artigo III, estabelece o direito à segurança pessoal entendido como "o direito de ser resguardado de violações contra a sua integridade física" (Béo, Almeida & Sales, 2008, p. 25). O artigo IX, intimamente relacionado a este, prescreve que ninguém será arbitrariamente preso, detido ou exilado.

A ação da autoridade será arbitrária quando não houver base legal para tal, incluindo aqui a falta de transparência em suas ações o que pode acarretar na prática de atos por motivação religiosa, étnica ou sexual. Em decorrência disto abrem-se as portas para o preconceito e a discriminação.

No artigo V, estabelece a proibição da tortura e de toda forma de tratamento cruel, desumano ou degradante. Segundo os autores, busca-se proteger a dignidade pelo respeito "à identidade psicofísica da pessoa" (p. 33).

No artigo VI, estabelece que todos têm o direito de serem reconhecidos como pessoa perante a lei. Tal artigo consagra o princípio da dignidade humana cujo corolário é o reconhecimento como pessoa em qualquer lugar e em todas as situações, nunca sendo reduzida à condição de coisa ou objeto ou ser "submetida a qualquer forma de degradação de sua condição humana" (p. 37).

No artigo XI, há a consagração da presunção da inocência, do direito a julgamento justo com a garantia da ampla defesa e do devido processo legal.

O direito à liberdade de opinião e expressão é assegurado quer na sua manifestação individual (artigo XIX), quer na forma coletiva (artigo XX) onde é tutelado o direito de reunião e de associação, para que se possa discutir e reinvidicar "direitos comuns" (p. 93). A única condição para o exercício deste direito é a sua realização de maneira pacífica.

O acesso ao serviço público é regulado pelo artigo XXI. Convém destacar que além do ingresso no serviço público há uma outra forma de manifestação desse direito. Trata-se do direito de acesso, de forma igualitária, a todos os serviços prestados pelo Estado como saúde, educação, segurança entre outros. Contudo, deve--se levar em conta não só a igualdade formal, prevista de forma abstrata na lei, mas também a igualdade material. Nesse diapasão, regiões ou grupos de pessoas mais carentes e mais afetados devem merecer atenção prioritária e diferenciada pelo Estado, justamente para, em nome do princípio da igualdade, "proporcionar uma igualdade real entre todos os cidadãos" (p. 98).

O direito à educação e, especificamente, à educação em direitos humanos, são assegurados nos artigo XXVI da Declaração Universal. Prescreve, no item 2, que a educação terá como finalidade o pleno desenvolvimento da personalidade humana e o fortalecimento do respeito pelos direitos humanos e pelas liberdades fundamentais. Para o Professor Celso Lafer (2008) "... o artigo 26 – 2 da Declaração endossa o pacifismo ativo de fins voltado para construtivamente autuar sobre o ser humano pela pedagogia" (p. 34).

Para Béo, Almeida & Sales (2008), foi estabelecido "o vínculo entre educação, tolerância e não discriminação". Determina que toda e qualquer atividade educacional deve fortalecer esses valores e deve ter como finalidade o pleno desenvolvimento da pessoa humana.

Para o Professor Celso Lafer (2007), a Declaração Universal:

> Configurou-se como a primeira resposta jurídica da comunidade internacional ao fato de que o direito *ex parte populi* de todo ser humano à hospitalidade universal (...) só começaria a viabilizar-se se o "direito a ter direitos, para falar com Hannah Arendt, tivesse uma tutela internacional, homologadora do ponto de vista da humanidade. Foi assim que começou efetivamente a ser delimitada a "razão de estado" e corrida a competência reservada da soberania dos governantes, em matéria de direitos humanos, encetando-se a sua vinculação aos temas da democracia e da paz (p. XXXVIII).

O Professor Celso Lafer (2008) salienta a importância da Declaração Universal dos Direitos Humanos que, fruto de um consenso histórico, propugna uma nova ordem internacional em que os direitos humanos ocupam a posição central na questão diretiva do relacionamento entre os Estados. Com ela, povos e indivíduos são considerados agentes determinantes na relação internacional, superando a lógica até então vigente na qual os Estados eram os únicos entes levados em consideração na órbita do direito internacional, não questionando a relação destes com as pessoas que estavam sob sua jurisdição.

A Declaração vai além disto ao "apontar" para uma comunidade internacional de indivíduos livres e iguais numa dimensão cosmopolita, ou seja, dirigida a todos os indivíduos de forma indistinta e em qualquer parte do mundo.

É, pois, considerada um marco histórico na emancipação do ser humano. Assim a soberania de um Estado só se justifica, citando Norberto Bobbio (1992), *ex parte populi* e não mais *ex parte principis*.

O autor salienta que o sentido e o fundamento dos Direitos Humanos é a dignidade da pessoa humana. O ser humano, como ensinou Immanuel Kant, não tem preço, é tido como um fim em si mesmo e não como um meio que justifique determinada ação. Logo nos primeiros considerandos da Declaração nota-se tal visão ao primar pelo "reconhecimento da dignidade inerente a todos os membros da família humana".

O ser humano ganha notoriedade como parte principal nas relações entre Estados. Estes, por sua vez, não existem *de per si*, mas tão somente numa relação de interdependência com os seres humanos num estado universal da humanidade. A violação do direito ocorrida num ponto da Terra é sentida em todos os pontos do planeta.

Mas por que isto ocorre? Porque tal direito tem como fundamento axiológico a dignidade da pessoa humana, não importando onde quer que se encontre.

Até chegar à Declaração Universal, um longo caminho foi percorrido. Várias ações, no âmbito interno dos Estados, foram desencadeadas em prol da dignidade da pessoa humana. Desde a mobilização internacional, no século XIX, que culminou com a proibição da escravatura; à criação da Cruz Vermelha, tendo em vista a percepção dos sofrimentos a que, numa guerra, estão expostas pessoas; à estipulação, no Pacto da Sociedade das Nações, do tratamento equitativo de populações indígenas e à proibição do tráfico de mulheres e crianças.

A questão referente às minorias ganha contorno com o fim da Primeira Guerra Mundial e o desmantelamento das superpotências da época, em que surgem os refugiados e os apátridas, destituídos de qualquer legalidade, pois não estavam vinculados a um Estado. Nesta separação: direitos dos povos – direitos humanos, tais pessoas se encontraram num vazio jurídico, carentes de proteção e de reconhecimento e se tornaram indesejáveis *erga omnes*.

A história mostra que isso levou ao aparecimento de regimes totalitários que, ao despojar o ser humano de valia, os considerou supérfluos e descartáveis. O resultado foi o massacre dos judeus na Segunda Guerra Mundial, só para citar um exemplo. O ser humano era considerado como sendo algo submetido, plenamente, à vontade do Estado.

Fazia-se premente a existência de um direito à hospitalidade universal lastreado na dignidade da pessoa humana, assim considerada em qualquer circunstância. Era preciso ir além da declaração de direitos no plano interno de cada Estado. Daí a necessidade de internacionalização dos direitos humanos, vale dizer, sair da esfera de cada Estado para ser uma questão de tutela universal. Chega-se então, após um laborioso processo legislativo, à Declaração Universal dos Direitos Humanos.

Com ela, há uma relativização do princípio da soberania ao assegurar a cooperação entre os Estados-membros voltada ao respeito universal aos direitos e liberdades fundamentais. O próprio Estado--membro reconhece o direito de ser monitorado, em seus assuntos internos, sempre que houver a violação de algum destes direitos.

Fruto da diversidade de pensamento, de cultura e do que cada membro agregou, a Declaração Universal é prova incontestável da universalidade dos direitos humanos tendo como base comum a unidade do gênero humano e a atribuição de responsabilidades não só aos Estados, mas também a cada órgão da sociedade.

Tendo como fundamento a dignidade da pessoa humana, a *vis diretiva* da Declaração, ao considerar a paz como valor e a afirmação dos direitos humanos no plano internacional, é o trato direto e real dos conflitos e da cooperação no plano internacional, no sentido de uma construção de um conceito dentro da ideia de um pacifismo ativo.

Buscando alcançar o ideal traçado pela Declaração Universal dos Direitos Humanos, o presente livro tem por objeto abordar a educação em direitos humanos na Polícia Militar do Estado de São Paulo, especificamente no Curso de Formação de Oficiais da Academia de Polícia Militar do Barro Branco, visando a expor de que modo é realizado o ensino e como ele pode ser uma ferramenta hábil à propagação dos direitos humanos na *praxis* diária daqueles que detém o *múnus* público de proteger a sociedade.

# CAPÍTULO 3
A Declaração e o Programa de Ação de Viena

O embaixador José Augusto Lindgren Alves (2007), numa criteriosa análise do significado político da Declaração de Viena, realça os vários aspectos que a tornaram um dos mais importantes documentos sobre direitos humanos em todos os tempos.

Do ponto de vista numérico, ela foi a maior concentração de pessoas sobre o tema, fato inédito até então. Durante os quinze dias da sua realização estiveram reunidos 171 países, 2000 organizações não governamentais (ONGs) credenciadas e 813 ONGs participantes como observadores. No total foram mais de dez mil pessoas reunidas deliberando exaustivamente sobre a temática dos direitos humanos. Tratou-se, portanto, de uma mobilização internacional jamais vista anteriormente.

A sua aprovação de maneira consensual foi outra marca digna de nota, posto que foi alcançada mesmo tendo sido realizada num momento em que a situação mundial se apresentava conflitante, quer com a eclosão de vários conflitos armados, quer com o ressurgimento de guerras motivadas por questões étnicas, vide o conflito nos Balcãs, quer com a eclosão sem precedentes do fundamentalismo islâmico e com o agravamento das tensões norte-sul lastreada na desconfiança nutrida pelos países não desenvolvidos em relação aos desenvolvidos. Ao superar essas dificuldades, a sua aprovação por todos representou um grande passo no tratamento dos direitos humanos em âmbito internacional.

O autor assevera, de maneira categórica, que a Declaração de Viena "conferiu caráter efetivamente universal aos direitos humanos" (p. 27), ao afirmar no seu artigo 1º que a natureza universal dos direitos humanos não admite dúvidas e que ela representa a superação do relativismo cultural e religioso antes invocado por determinados Estados para justificar a prática de violações. Nesse sentido, o artigo 4º é de grande importância ao propugnar o reconhecimento da legitimidade internacional com a proteção e a promoção dos direitos humanos, numa clara relativização da soberania nacional quando se tratar de questão relativa ao tema.

No artigo 5°, assegura que "os Estados têm a obrigação de proteger todos os direitos humanos, independentemente de todos os sistemas" (p. 27).

Ao reconhecer como indissociável o vínculo entre democracia, direitos humanos e desenvolvimento, ela propugna por uma ordem mundial na qual o ser humano se vê colocado no centro das questões e deve ser o maior beneficiário. Aí está uma de suas mais marcantes contribuições.

Interessante notar que no Programa de Ação há expressa menção à criação e ao reforço de sistemas internacionais de monitoramento bem como à criação de um programa de auxílio, sob responsabilidade das Nações Unidas, às nações que encontrem dificuldades para a implementação e à proteção dos direitos humanos em suas jurisdições.

O autor é enfático ao asseverar que a Declaração de Viena "representa um impulso substancial para a causa dos direitos humanos" sendo "claramente perceptível a importância de se poder contar com documento consensual, abrangente e agora indubitavelmente universal (...) tão fundamental para todos os homens e mulheres" (p. 35).

Nessa mesma linha de pensamento, o Professor Celso Lafer (2007) exalta a importância da Declaração de Viena ao dar um tratamento globalizado à temática e ao reconhecer, de maneira inequívoca, a universalidade dos direitos humanos. Segundo ele, a Declaração de Viena:

> Reconheceu, sem ambiguidades, o direito ao desenvolvimento, assegurando a devida ênfase, (...), à dignidade humana como sujeito central do desenvolvimento e titular de dignidade e valor (...) (p. XLV).

A Declaração de Viena exalta a importância dos direitos humanos na contribuição da estabilidade no mundo e para a consecução da segurança e da paz.

Para o Professor Paulo Sérgio Pinheiro (2010), alguns fatos merecem especial destaque no processo de elaboração da Declaração de Viena.

Primeiro foi o surgimento da sociedade civil como uma nova força se fazendo presente de forma ativa e participativa, fato comprovado pelo grande número de ONGs que participaram da Conferência Mundial de Viena. Ampliando, ao retirar a discussão somente do âmbito dos Estados, a atuação de novos atores na temática dos direitos humanos em nível global.

No que diz respeito aos Planos de Ação em Direitos Humanos, o artigo 69 do Programa de Ação inova ao estabelecer:

> A Conferência Mundial sobre Direitos Humanos recomenda vivamente que seja criado, no âmbito das Nações Unidas, um programa completo para ajudar os Estados na tarefa da construção e do reforço das estruturas nacionais adequadas que tenham um impacto direto na observância generalizada dos Direitos Humanos e na manutenção do estado de Direito (Pinheiro, 2010, p. 7)

De forma inédita, no seio da Organização das Nações Unidas, as ações em direitos humanos são tratadas como políticas públicas e como tais podem ser mensuradas, devidamente planejadas, implementadas e monitoradas.

A Declaração de Viena apresenta avanços significativos ao prever a possibilidade de a ONU prestar apoio técnico e financeiro a projetos nacionais que traduzam em efetivas medidas e ações de promoção dos direitos humanos em suas respectivas jurisdições tais como: capacitação, ensino e educação em diretos humanos de agentes e de membros das forças de segurança, entre outras.

CAPÍTULO 4
A formação do guardião da cidade

Dando especial atenção àqueles que detêm a incumbência de proteger a cidade, Platão, em sua monumental obra "A República" (2006), enfatiza a verdade e exalta a sua supremacia afirma que "A verdadeira mentira é, pois, odiada não só pelos deuses, como também pelos homens" (p. 94).

A utilidade da mentira também é refutada, mesmo quando não se sabe a verdade sobre o passado ou para desviar alguém de praticar alguma ação maldosa ou por temor aos inimigos ou contra o furor ou contra o senso dos amigos.

Para Aristóteles (1996), a solução dos problemas está na descoberta da verdade. Devem-se deixar de lado as aparências e discutir as dificuldades até conseguir prová-la ou ao menos conseguir reunir a maior número de evidências.

Na busca da verdade, o erro exerce um papel de importância. Mesmo quando se erra deve-se admiti-lo, e não ocultá-lo.

Nada justifica a mentira. Transportando para os nossos dias e, amparado nos ensinamentos de Arendt (1979) sobre a importância de se preservar a tradição e os ensinamentos dos antigos, deve-se questionar a versão dada pelas autoridades policiais no tocante a qualquer ação da polícia que resulte vítima.

As denominadas ocorrências de "Resistência Seguida de Morte", ou seja, aquelas em que há morte de civis, segundo a versão policial em confronto após oporem resistência à prisão, podem muito bem se encaixar nesse quadro. Perpetua-se, por meio de versões e explicações muitas vezes esdrúxulas, um panorama no qual a mentira impera e os homens incumbidos pelo Estado de proteger a sociedade pairam acima de todos e com plenos poderes. Assemelham-se aos deuses gregos que podiam tudo, inclusive mentir e matar de maneira indiscriminada e que mereceram pesadas críticas de Platão.

Sobre a importância da transparência, Montesquieu (2009) menciona dois exemplos. O primeiro é fornecido pelo povo tártaro cujos guerreiros eram obrigados a colocar seus nomes na flecha a fim de que se soubesse quais mãos a lançou.

O segundo exemplo da importância da transparência dos atos quando resulta morte de alguém é fornecido pela Lei das Doze Tábuas que:

> permitia que se matasse o ladrão... ; mas mandava que aquele que matasse o ladrão gritasse e chamasse os cidadãos, essa é uma coisa que as leis que permitem que se faça justiça com as próprias mãos devem sempre exigir. É o grito de inocência que, no momento da ação, apela para as testemunhas, apela para os juízes (Montesqieu, 2009, p. 598).

Ao analisar a utilidade do segredo na monarquia, o mesmo autor constata que a autoridade "é uma grande mola que deve ser movimentada facilmente e em silêncio" (p. 216).

"O guardião da cidade deve se conduzir, em todas as circunstâncias, com sabedoria e moderação" (Platão, 2006, p. 116). "Assim não há maior vergonha para alguém que por vulgaridade, se vanglorie de ser hábil em cometer injustiças e toda a sorte de mentiras e, ainda mais, se vanglorie de utilizar todos os meios possíveis para escapar do castigo" (Platão, 2006, p. 123).

Semelhante análise é elaborada por Montesquieu (2009) sobre a impunidade:

> Que se examinem as causas de todos os abusos: ver-se-á que eles se originam da impunidade dos crimes e não da moderação das penas (p. 97).

Partindo dessa definição de impunidade, o autor alerta para o risco existente na prática de arbitrariedades, pois "quando a inocência dos cidadãos não é assegurada, a liberdade também não o é" (p. 197).

Platão expõe o temor de que os guardiões "criados no meio das imagens do vício, como um mau pasto, colham e ingiram aí, um pouco a cada dia, muita erva funesta, e destarte acumulem, sem que o saibam, um dano irreparável em suas almas?" (p. 119).

Também ao tratar da importância da música e da ginástica, ministradas de forma harmônica e equilibrada na formação do guardião, Platão nos mostra quão complexa e, pode-se dizer, multidisciplinar, é a sua educação. Igual importância é dada à disciplina, desde a infância, pois se não seguem as regras desde então, quando adultos será impossível que venham a ser homens submissos às leis e que possuam comportamento exemplar. A verdade é o ponto central da educação do guardião a tal ponto de que o impulso dado por ela determina tudo o que segue "para o bem ou para o mal" (p. 147).

Montesquieu (2009) afirma que é no governo republicano que se precisa "de todo o poder da educação." (p. 48). Para ele, nas democracias, a virtude política, definida como o amor às leis e à pátria, repousa na renúncia a si próprio. Ela requer sempre a supremacia do interesse público sobre o particular.

O autor afirma "que o amor pela república, em uma democracia, consiste no amor à democracia; e o amor da democracia é o amor pela igualdade" (p. 56). Para ele na democracia as distinções derivam do princípio da igualdade.

Para Aristóteles (1996), toda atenção deve ser dispensada à educação dos jovens, pois negligenciá-la causa danos à Constituição. A educação é um dos fins visados pelo Estado e abrange: a leitura, a escrita, os exercícios físicos (ginástica) e a música. Os dois primeiros são necessários para que possa alcançar os objetivos da vida. A ginástica é necessária para obter coragem e a música é necessária para desfrutar de descanso, além de ajudar na formação do caráter da pessoa. Depreende-se dessa explicação a preocupação com uma educação ministrada com equilíbrio.

Equilíbrio que deve estar presente também nos exercícios físicos, que para serem úteis à educação dos jovens, não devem ser severos e causar dor.

Compartilhando da mesma preocupação, Platão (2006) lança um alerta:

> Se a educação privilegia a ginástica em detrimento de outras habilidades resultará em rudeza dos guardiões. Se privilegiar somente a música (a educação da alma) os tornará menos aptos para a lide diária ou, na sua definição, mais "moles" (p. 130).

O equilíbrio é necessário para que atinja o resultado desejado na formação do guardião. Se o temperamento que produz a rudeza for bem dirigido, produzirá a coragem. Se a doçura e afabilidade forem bem dirigidas, suaviza e ordena. Colocá-las em harmonia é essencial para que o guardião seja dotado de alma temperante e corajosa.

Hoje em dia, há idêntica preocupação com o equilíbrio na formação do soldado norte-americano e seu preparo para as atividades no campo de batalha. Moreno (2006), renomado professor universitário e pesquisador científico no campo da neurociência nos Estados Unidos, expressa muita preocupação com o rumo das pesquisas médicas, de interesse militar, envolvendo o cérebro.

Ele relata a existência de pesquisas desenvolvidas pelo Departamento de Defesa norte-americano em convênio com diversas universidades de renome, com a finalidade de tornar o soldado mais forte, mais alerta, mais resistente e com maior capacidade de cura.

Relata também a existência de pesquisas que objetivam prevenir a fadiga e capacitar o soldado a permanecer acordado, alerta e atento por mais de sete dias sem sofrer cansaço físico ou mental. Descobrir novas drogas que auxiliem os pilotos a permanecer acordados e alertas e de pesquisas que visam melhorar a capacidade do soldado de permanecer mais tempo sem ingerir água e comida.

O autor relata até a existência de pesquisas que visam o desenvolvimento de sensores localizados nas estruturas do córtex ou sub córtex que interagem com o sistema nervoso central e periférico e que não são invasivos, cujo objetivo é expandir a capacidade cognitiva do soldado para que ele possa tomar mais decisões ao mesmo tempo, com maior rapidez e com menor possibilidade de erro.

Moreno constatou o aumento das pesquisas em neurociência para fins militares e em razão disso expressa a preocupação com o estabelecimento de novas regras que possibilitem um maior controle da sociedade, assegurando maior transparência, pois para ele a manipulação da mente é mais insidiosa e mais efetiva que a tortura. Nesse contexto, algo tão sério não deve permanecer sob controle exclusivo dos militares.

Nota-se aqui a preocupação com os efeitos que essas novas descobertas poderão causar no ser humano em termos de saúde física e também em termos comportamentais, com o risco da produção de efeitos deletérios de graves consequências.

Com as devidas diferenças e proporções, deve-se estabelecer um paralelo e investigar como são realizados os treinamentos físicos dos policiais militares. Deve-se inquirir qual é metodologia empregada, quais os fins a que se destina, se há a ingestão de algum tipo de medicamento ou algo similar que visa a aumentar a capacidade física. Tudo isso em nome do equilíbrio da sua formação.

Para Platão, as qualidades que o guardião deve possuir são: coragem, temperança, inteligência, autoridade e devotamento ao interesse público. Como selecioná-los? Eles devem ser escolhidos entre aqueles, após exames, que "parecerem mais zelosos em fazer, a vida toda e de toda boa vontade, o que considerem proveitoso à cidade, jamais consentindo em fazer o contrário" (p. 132).

Aristóteles (1996) classifica os guardiões da cidade como indispensáveis à defesa da cidade e ao cumprimento da lei. Ocupam para tanto posição mais elevada dentre as necessidades do Estado.

Por coragem entende-se como sendo aquela força que salvaguarda constantemente a opinião reta e legítima. Podemos inferir que corajoso é aquele que pauta em ser correto, não importa quão difícil isso possa parecer.

Estaria aqui, na definição de Platão para a coragem, aquela força que faz com que o policial militar possa exercer o seu livre arbítrio, podendo questionar o cumprimento de uma ordem que se traduza numa violação de direitos humanos? Acredita-se que isso seja possível mesmo dentro de uma organização baseada na hierarquia e disciplina e de toda sorte de dilemas éticos e legais que isso suscita.

Isso ficou bem demonstrado por Cannetti (1995) que descreve o militar, com precisão, ao realçar a sua posição passiva sempre a espera de ordens dos seus superiores. "Sendo, porém, toda ação precedida por uma ordem, sua expectativa volta-se para esta última; o bom soldado encontra-se num estado consciente de expectativa da ordem" (p. 312). Isso demonstra o estado de repressão dos seus sentimentos habituais a que é submetido, sendo-lhe negadas muito mais coisas do que aos demais homens. Afirma ainda que o momento vital na existência de um militar é o da posição atenta diante do superior. Destaca a supremacia de uma ordem recebida de um superior hierárquico. Integra a sua formação que ele aprenda obedecer a ordens sozinho ou na companhia de outros. Imagine se, diante de tal constatação, ele receber uma ordem para praticar um ato de violência arbitrária. É preciso ter muita coragem.

A temperança é definida por Platão como sendo "de algum modo uma ordem, um senhorio exercido sobre certos prazeres e certas paixões" (p. 155). Admitindo que a alma da pessoa possui duas partes bem distintas, uma melhor que é a menor e outra pior que é a maior, o agir com temperança significa que, fruto da boa educação, se consegue que a parte de melhor qualidade comande a pior resultando na prática de boas ações. Por outro lado, se a parte pior prevalece e isso se deve à má educação, como resultado ter-se-á a prática de más ações.

A temperança (ou serenidade) "promove um acordo entre os cidadãos, pois numa concórdia, numa harmonia natural que rege as relações entre as pessoas" (p. 157), principalmente quando há uma relação de mando, por exemplo, com os policiais e os poderes que lhe são conferidos, por lei, para atuar na sociedade.

Adentra-se assim no campo da ética das virtudes e da ética dos deveres. Bobbio (2002) explica que a ética das virtudes indica e propõe a ação boa como exemplo, já a ética dos deveres a prescreve como um dever.

Para o autor, "a ética das virtudes ensina a moderação e, portanto a disciplina das paixões" (p. 33). Ambas são essenciais levando em conta que, no exercício de suas funções, os policiais detêm considerável concentração de poder. Nesse sentido, uma outra virtude, a serenidade (ou temperança) ganha contornos ainda mais importantes.

Para Bobbio (2002), a serenidade não deve ser confundida com mansuetude. A primeira é ativa, já a segunda é passiva.

O manso é o homem calmo que não reage à maldade gratuita. O sereno não, ele é o tipo de homem que o outro necessita para vencer o mal dentro de si.

A serenidade, segundo o autor, é a única suprema potência que consiste em "deixar o outro ser aquilo que é" (p. 35). De fato hoje em dia muito se fala em intolerância, em preconceito e toda forma de discriminação. Mesmo a polícia é acusada de agir de maneira discriminatória e preconceituosa daí a importância de, no campo da atividade policial discorrer sobre a serenidade.

Bobbio (2002), citando Erasmo de Roterdã, define a serenidade como sendo uma das virtudes do bom governante e porque não também do bom agente público ou do bom policial, visto que estes representam o Estado.

A serenidade é o contrário da arrogância, que leva à prepotência, e é contrária à insolência. Ao deixar o outro ser o que é, o sereno não entra em contato com os outros com o fito de competir, de criar conflito e de sair vencedor. Ele respeita os outros, e no exercício desse respeito, a prepotência não tem lugar. A prepotência entendida como o abuso da potência (ou da força) não somente insinuada como também de maneira concreta.

Contudo, serenidade não se confunde com submissão. "Na submissão há a renúncia à luta por fraqueza, por medo e por resignação" (Bobbio, 2002, p. 41). Já na serenidade, virtude ativa que é, repele-se toda e qualquer prática que leve a uma situação de confronto motivada pelo sentimento mesquinho de cupidez, de desrespeito e de mesquinhez.

A pessoa serena não guarda rancor, não é vingativa e nem sente aversão por ninguém. O sereno nutre elevado respeito pelos outros. Para Bobbio (2002), o contrário de serenidade é o abuso de poder, tema tão recorrente nas lides dos policiais. E ainda mais importante, a serenidade "resvala" o território da tolerância e do respeito pelas ideias e pelo modo de vida dos outros.

A serenidade é um dom sem limites preestabelecidos e obrigatórios. Ela requer, para existir, duas outras virtudes, a simplicidade e a misericórdia. Atendo-se somente à primeira, o autor ressalta ser a simplicidade o pressuposto necessário de serenidade.

Em suma, identifica-se a serenidade com a não violência, com a recusa a exercer a violência contra alguém, qualquer que seja.

A justiça surge, nesse contexto, como sendo a força que concorre com a coragem, a temperança e a sabedoria para o estabelecimento da virtude na cidade. Ela é aquela força que mantém cada cidadão nos limites de sua própria tarefa e afazeres e não se imiscua, de maneira alguma, na de outrem (Platão, 2009). A justiça atua regulando a vida entre as pessoas para que possa existir vida em harmonia. Para Aristóteles, na "Ética a Nicômano" (2009), a virtude da justiça se manifesta também no hábito de obedecer às leis.

Aristóteles (1996) enumera como qualidades essenciais para a existência do Estado: a prosperidade, a liberdade, a justiça, o caráter, a educação e a excelência, estas duas classificadas como necessidades superiores. Sem elas, o Estado não é capaz de atingir o bem comum.

No tocante à preservação do Estado, o autor afirma que a melhor maneira reside na educação no espírito da Constituição. Para ele, as melhores leis, mesmo que sancionadas por todos os cidadãos do Estado, não prosperarão se os jovens não forem educados no espírito da Constituição. Se as leis são democráticas, eles devem ser educados democraticamente. Negligenciar a educação causa danos à constituição.

O autor alerta para o perigo do surgimento, nas democracias, de falsas ideias de que a liberdade é contrária aos interesses do Estado.

A educação deve privilegiar a experiência, pois a teoria não deve ser dissociada da prática. Ela molda o caráter, permite ao indivíduo identificar o que é melhor para ele, não considerado isoladamente, mas numa dimensão coletiva – o Bem Comum. O melhor governante será aquele cujos governados serão mais bem capacitados para atingir esse propósito.

Por fim, o autor atesta que sendo o Estado constituído na diversidade, sua existência coesa é também papel da educação. O Estado não é uma mera sociedade que vive em um lugar comum. Ele é uma sociedade política que existe para praticar ações nobres, ou seja, aquelas que visam ao Bem Comum.

CAPÍTULO 5
O exercício da autoridade

"A palavra e o conceito são de origem romana. Nem a língua grega e nem as várias experiências políticas da história grega mostram conhecimento da autoridade e do tipo de governo que ela implica", ensina Hannah Arendt (1979, p. 142).

Platão e Aristóteles, embora de modo diverso, mas partindo das mesmas experiências políticas, buscaram introduzir algo parecido com autoridade na vida da *polis*. Para eles, na *polis* a tirania tinha como principal característica o exercício do poder por meio da violência. Nela o tirano buscava se proteger de todos a qualquer custo. Na tirania, a esfera pública da *polis* era destruída e os cidadãos eram privados do exercício da faculdade política, o que significava para eles a perda da liberdade.

Fazendo um recorte do nosso dia a dia, assiste-se com muita frequência à ação da polícia na repressão a qualquer tipo de manifestação pública. Ressalta-se nessa repressão o uso desmedido e, portanto, exacerbado, da força e a total inaptidão para o exercício do diálogo e para a busca de soluções pacíficas, aqui entendidas como aquelas em que não há o uso de violência.

Como exercer a autoridade então? Platão, após a morte de Sócrates, começa a descrer da persuasão como suficiente para conduzir os homens e passa a buscar outro meio que prestasse a isto sem ter que recorrer ao uso externo de violência. Ele se refere então à verdade, àquelas verdades denominadas autoevidentes, e que têm o condão de compelir os homens a agir de determinada maneira. Não há nessa ideia a existência da coerção externa e que requer para a sua eficácia o uso da violência. Há aqui o que Platão chama de coerção pela razão, mas também surge o problema de como fazê-la aplicável para a grande massa e não apenas para alguns. A solução desse impasse é dada na necessidade de encontrar outros meios de coerção que evitem o uso da violência, para que, segundo o entendimento dos gregos, a vida política não seja destruída (p. 147).

Arendt (1979) alerta para a existência de uma crise constante de autoridade, "crescente e cada vez mais profunda, que acompanhou o desenvolvimento do mundo moderno" (p. 128). Alerta para o desenvolvimento de uma nova forma totalitária de governo, cujo pano de fundo foi a quebra "mais ou menos geral de todas as autoridades tradicionais" (p. 128).

Hoje, devido a essa crise acentuada de autoridade e falta de um referencial, tanto teórico, político ou prático, fica-se em uma posição muito difícil de saber realmente o que vem a ser autoridade (p. 128). Arendt propôs-se a reconsiderar historicamente o que foi autoridade e quais foram suas fontes de força e coerção.

Para a autora (p. 129), autoridade sempre exige obediência e por isso foi e é comumente confundida com poder ou violência. Contudo, frisa que onde a força é utilizada a autoridade em si fracassou. Da mesma forma, a autoridade é incompatível com a persuasão, a qual pressupõe igualdade e opera mediante um processo de argumentação. Uma vez que a ordem decorrente do exercício da autoridade pressupõe a existência de uma hierarquia, a persuasão ao se valer de uma ordem igualitária se coloca frontalmente contra a autoridade.

Assim, buscando lançar uma luz sobre o conceito, a autora a define em contraposição à coerção pela força e à persuasão por meio de argumentos. Para ela, "A relação autoritária entre o que manda e o que obedece não se assenta nem na razão comum nem no poder do que manda; o que eles possuem em comum é a própria hierarquia, cujo direito e legitimidade ambos reconhecem e na qual ambos têm seu lugar estável predeterminado" (p. 129). Aduz ainda que tal conceito remonta a Platão, posto que ele ao considerar a introdução da autoridade no trato dos assuntos da *polis* sabia que estava buscando uma alternativa para a maneira grega do uso da persuasão para o trato dos assuntos domésticos, bem como o uso da força, da violência para o trato dos negócios estrangeiros ou como se pode inferir, dos negócios públicos.

Para a autora, "a crise de autoridade que experimentamos em nossos dias deve, entre outros fatores, à perda da tradição. Ela alerta que tradição e passado são coisas distintas" (p. 130). A tradição, segundo a autora, "preservava o passado assegurando a passagem, através de gerações, dos ensinamentos que constituíam a base de tudo. Enquanto essa tradição fosse ininterrupta, a autoridade estaria intacta" (p. 166).

Assevera que "com a perda da tradição, perdemos o fio que nos guiou com segurança através dos vastos domínios do passado; esse fio, porém, foi também a cadeia que aguilhou cada sucessiva geração a um aspecto predeterminado do passado..." (p. 130).

Dá-se o rompimento do passado e daí para a má interpretação, baseado em premissas falsas ou, no mínimo, confusas do que vem a ser autoridade, especificamente no presente trabalho, do que vem a ser autoridade policial.

Outra repercussão grave da perda da autoridade é justamente aquela decorrente da perda do sentido de permanência e de tranquilidade essenciais para a vida das pessoas no mundo. De fato, hoje em dia salta aos olhos, no nosso cotidiano, a questão da falta de segurança em nossa sociedade. Expressões do tipo: sensação de insegurança, epidemia do medo e da violência, guerra urbana etc, afloram em todos os lugares.

Hoje estabeleceu-se um mau entendimento do que se compreende por polícia. Ela é tida apenas como mais um órgão da administração pública e não com uma atividade ou função estatal (Bobbio, 2004). Daí para o mau entendimento do termo autoridade policial, ou até mesmo, do que vem a ser o exercício da autoridade entre superiores e subordinados nas relações diárias de trabalho é um passo curto e perigoso.

"O governo autoritário é empenhado na restrição da liberdade, mas não aniquila os direitos civis. Ele os limita uma vez que perderia sua essência se os abolisse totalmente, transformando-se daí em tirania" (Arendt, 1979, p. 133). A distinção básica entre tirania e governo autoritário é que naquele o governo é exercido de acordo com próprio arbítrio e interesse e neste o governo é limitado por leis.

Arendt, alerta para o perigo das generalizações de conceitos (p. 134) frisando que na identificação liberal do totalitarismo com autoritarismo e na concomitante inclinação a ver tendências totalitárias em toda limitação autoritária há uma confusão mais antiga ainda de autoridade com tirania e de poder legítimo com violência. De fato é comum ver que no exercício do poder de polícia há críticas veementes do exercício de uma vocação tirânica, o que demonstra haver uma clara confusão de conceitos como bem apontado pela autora.

Já os neoconservadores ao diferenciar tirania e autoridade veem uma ameaça à liberdade uma vez perdidas as limitações restritivas ao seu exercício e que protegiam os seus limites. Assim a liberdade indefesa está fadada a ser destruída, processo de ruína que se iniciou com o definhamento da autoridade (p. 134).

O ponto de concordância entre ambos se dá na preocupação mútua com a restauração da liberdade e da autoridade (p. 138).

Platão procurou solucionar tal impasse ora por meio do estabelecimento de recompensas e punições na vida futura, (A República, 2006), ora na substituição da persuasão com a introdução às leis cujo intento e propósito devem ser explicados aos cidadãos (Leis, 2010). Nota-se que Platão é avesso ao uso da violência e denota grande preocupação na busca de maneiras que assegurem obediência voluntária ao governo instituído e que se constitui num fundamento sólido para o que é chamado de autoridade. Para ele, a característica mais marcante dos que detêm autoridade é não possuir poder (p. 164). Arendt (1979) atribui à autoridade a qualidade de um conselho, mas o qualifica como sendo "um conselho que não pode se ignorar sem risco (...), cujo exercício prescinde da coerção externa para se fazer valer" (p. 165).

De fato, a supremacia do poder popular é sobejamente enaltecida conforme bem demonstra o preâmbulo e, de maneira mais explícita, o parágrafo único do artigo 1º da Constituição Federal (2008) ao dizer "Todo o poder emana do povo, (...)". Aliás "historicamente" isso já era ressaltado como se pode perceber na defesa da supremacia da soberania popular (*ex parte populi*) realizada por Bobbio (1992) e que tinha a sua importância assegurada por John Milton ao afirmar que o exercício do poder pelo governante se dava mediante o usufruto por ele de uma fé pública que importa no direito do povo não obedecê-lo se "o rei ou o magistrado provam ser infiéis aos seus compromissos (...)". Para Althusius, o *Summus Magistratus* era o povo o que exigia grande responsabilidade daqueles que o representava (Romano, 2005, p. 49).

Ao confundir conceitos, e daí tratá-los como sinônimos, admite-se que autoridade e violência são a mesma coisa. Insiste-se que esta preenche a mesma função que aquela, posto que o único objetivo é fazer com que as pessoas obedeçam. Contudo, Arendt (1979) alerta para o perigo oriundo dessa confusão de conceitos na sedimentação da ideia da necessidade do uso da violência para haver a obediência das pessoas, posto que segundo essa corrente de pensamento, "nenhuma sociedade pode existir sem prescindir de um quadro de referência autoritário" (p. 141).

Modernamente, a formação e a atuação daqueles que detém o *múnus* público de proteger a sociedade foi objeto de preocupação e discussão, pela Organização das Nações Unidas, que resultou na elaboração e na aprovação de uma vasta gama de documentos considerados normas ou princípios norteadores da conduta dos funcionários responsáveis pela aplicação da lei, recomendados pelo Comitê Internacional da Cruz Vermelha.

Ao comparar estes documentos com o que foi idealizado pelos antigos para a formação do guardião da cidade, nota-se a mesma preocupação pela formação e atuação dos agentes responsáveis pela proteção da sociedade.

CAPÍTULO 6
Conduta ética e legal na aplicação da lei

Para o Comitê Internacional da Cruz Vermelha, há um estreito vínculo entre o estabelecimento de uma boa qualidade dos funcionários responsáveis pela aplicação da lei e, por consequência, a qualidade do desempenho de toda a organização.

Estabelece também que a solução dos problemas com que eles irão se deparar no exercício de suas funções não depende de respostas padrão. Assim eles devem ser dotados de espírito crítico para distinguir a peculiaridade de cada problema e saber dar uma resposta adequada e proporcional. Determina ainda que se deve usar "de forma correta e razoável os poderes e a autoridade que lhe são conferidos por lei" (Rover, 1998, p. 154).

Para o autor, por mais que o agente da lei perceba uma noção de desequilíbrio entre a ação do infrator da lei e a sua ação desenvolvida dentro de parâmetros rígidos, deve entender que justamente é essa a diferença existente entre ambos. Pois "quando os encarregados recorrem a práticas que são contra a lei ou estão além dos poderes e autoridades concedidos por lei, a distinção entre os dois já não pode ser feita" (Rover, 1998, p. 154). Enfim elenca três fatores essenciais pra o bom desempenho da função: atuação dentro da legalidade, capacidade para agir (competência) e qualidade. Uma má ação causará danos na pessoa que sofreu a consequência direta do ato e também em toda o organização, devido à quebra de confiança havida entre ela e a sociedade que passa a vê-la com medo e desconfiança.

Externando essa preocupação, Rover (1998) assinala:

> Da mesma forma, quando uma organização de aplicação da lei recorre a violações da lei para aplicar a lei ou manter a ordem pública, perdeu sua credibilidade e sua autoridade. Não sobrará mais nada, a não ser o uniforme que vestem, para distinguir os encarregados da aplicação dos criminosos que perseguem (p. 287).

O Comitê Internacional da Cruz Vermelha preocupado com o correto desempenho das forças policiais e de segurança recomenda a observância de uma série de documentos internacionais como forma de conduta para o fiel cumprimento da missão que é conferida aos funcionários responsáveis pela aplicação da lei. A seguir, serão analisados alguns desses documentos.

Código de conduta para os encarregados da aplicação da lei (Assembleia Geral da ONU - Resolução 34/169, de 17 de dezembro de 1979)

Além de destacar a importância para a sociedade dos agentes encarregados da aplicação da lei e a investidura de considerável poder para realizar tal tarefa, o Código de Conduta destaca o potencial para o abuso que o cumprimento desses deveres acarreta, bem como alerta para o risco da existência de situações de corrupção em potencial.

Admitindo que somente o reconhecimento dos direitos humanos no plano normativo não é suficiente para a sua efetiva promoção e defesa, o Código de Conduta enfatiza a importância do papel da educação de qualidade dos agentes uma vez que os padrões de conduta a serem observados por eles só terão valor prático, se através da educação, forem incorporados à crença de cada um.

O artigo 1º estabelece que todos os funcionários responsáveis pela aplicação da lei devem obediência irrestrita ao que a lei lhes impõe. No artigo 2º, estipula o respeito e a proteção da dignidade humana e a proteção e promoção dos direitos humanos de todas as pessoas.

No artigo 3º, há o limite ao uso da força para as situações estritamente necessárias e na proporção da resistência oposta. No artigo 5º, há a vedação à prática da tortura e de qualquer outro tratamento desumano, degradante ou cruel e o artigo 6º traz a obrigatoriedade de cuidar e proteger a saúde da pessoa privada de liberdade.

No artigo 8º, o Código de Conduta apregoa que os desvios de conduta devem ser tratados da maneira mais aberta e transparente possível, tanto é que encoraja os agentes a denunciarem toda violação ao Código de Conduta e de se absterem da prática de qualquer ato ilegal.

Princípios recomendados a uma prevenção eficaz e à investigação de execuções extrajudiciais, arbitrárias e sumárias (Recomendados pelo Conselho Econômico e Social das Nações Unidas – Resolução 1989/65, de 24 de maio de 1989)

Com o objetivo de impedir a prática de execuções sumárias, extrajudiciais e arbitrárias, o documento estipula no item 2º a adoção, pelos governos, de rigoroso controle sobre os funcionários responsáveis pela aplicação da lei e por aqueles autorizados a usar arma de fogo.

O item 3º conclama os governos a adotarem medidas que proíbam ordens de oficiais superiores e autoridades públicas que autorizem ou incitem a prática de execuções sumárias extrajudiciais, arbitrárias ou sumárias. Também estabelece o direito à recusa de cumprimento por todos que receberem tais ordens bem como enfatiza a importância do treinamento desses profissionais nessas disposições.

Nos itens 1º e 19, ressalta a inadmissibilidade da alegação de que agiu em cumprimento de ordem superior como justificativa da prática de ato contrário a lei.

CAPÍTULO 7
Poderes Básicos na Aplicação da Lei

Princípios básicos sobre o uso da força e armas de fogo (Adotados pelo Oitavo Congresso das Nações Unidas sobre a Prevenção do Crime e o Tratamento dos Infratores – Cuba – de 27 de agosto a 7 de setembro de 1990)

O documento não possui força de tratado, mas tem como objetivo traçar normas orientadoras "aos Estados-membros na tarefa de assegurar e promover o papel adequado dos encarregados da aplicação da lei" (p. 160).

No preâmbulo, consta o reconhecimento da importância e da complexidade da atuação dos funcionários encarregados da aplicação da lei além do reconhecimento de "seu papel de vital importância na proteção da vida, liberdade e segurança de todas as pessoas" (Rover, 1998, p. 161).

A preocupação com o emprego de armas não letais e com a utilização de equipamentos de proteção individual pelos encarregados da aplicação da lei, de forma a reduzir ao máximo a incidência de vítimas está expressa nos Princípios Básicos 2 e 3.

A preocupação com o correto emprego de arma de fogo de forma a reduzir a ocorrência de ferimentos desnecessários, bem como a proibição de emprego de arma e de munições que causem ferimentos injustificados, está expressa no Princípio Básico 11 "c".

De suma importância são os Princípios Básicos 4 e 5 que estabelecem, de forma inequívoca, a legalidade, a necessidade e a proporcionalidade como princípios essenciais para o uso da força e de arma de fogo.

Os princípios acima mencionados estabelecem que os encarregados da aplicação da lei só podem usar da força e da arma de fogo quando o objetivo for legítimo e que justifique essa opção, que o faça com moderação e que seja proporcional à gravidade do delito cometido. Eles só poderão recorrer à força ou a armas de fogo se outros meios se mostrarem ineficazes ou não permitirem alcançar o resultado desejado.

Os encarregados da aplicação da lei devem agir somente em legítima defesa própria ou de terceiros e como último recurso a ser empregado. Para tanto, eles devem anunciar a intenção do uso da força ou de arma de fogo com antecedência para que o opositor disponha de tempo suficiente para cessar a resistência à ordem legal. Nota-se a preocupação com a preservação da vida em todas as circunstâncias (Princípios Básicos 9 e 10).

A observância aos Princípios Básicos não admite dúvidas e não comporta exceções, mesmo na incidência de situações anormais como a instabilidade política interna ou o estado de emergência (Princípio Básico 8).

O Princípio Básico 18 estabelece a necessidade de submissão "a treinamento contínuo, me ticuloso e profissional" (p. 161) dos respectivos funcionários. No tocante à formação profissional, por meio deste princípio, o Comitê Internacional da Cruz Vermelha, externa a preocupação que "governos e organismos encarregados da aplicação da lei" devem dispensar às: questões éticas e de direitos humanos e à solução pacífica de conflitos.

O Princípio Básico 20 estabelece a necessidade de revisão dos programas de treinamento em face da eclosão de incidentes graves e que resultem em graves violações de direitos humanos (Rover, 1998, p.161).

A detenção e a captura

Todos têm direito à liberdade assim como têm direito à vida e à segurança pessoal. Essas aspirações estão consagradas na Declaração Universal dos Direitos Humanos (artigo 3º) bem como no Pacto Internacional de Direitos Civis Políticos (artigo 9.1).

Contudo, os funcionários responsáveis pela aplicação da lei, visando a manter a ordem e a segurança da sociedade, podem restringir o uso do direito à liberdade e, nesse sentido, o estabelecido no artigo 9.1, acima mencionado, atua como uma garantia de que a privação da liberdade ocorrerá mediante certas condições, sob pena de ser arbitrária.

A captura é definida pelo Conjunto de Princípios para a Proteção de Todas as Pessoas sob Qualquer Forma de Detenção ou Prisão como "o ato de deter uma pessoa sob suspeita da prática de um delito, ou pela ação da autoridade" (p. 1).

A detenção é definida como "a condição das pessoas detidas nos termos acima" (p. 1).

O Princípio 1 estabelece que toda pessoa sujeita à detenção ou prisão deve ser tratada com humanidade e com respeito à dignidade humana, não sendo admitida qualquer exceção (Princípio 3).

O Princípio 2 estabelece que a captura, a detenção e a prisão de qualquer pessoa devem obedecer estritamente ao princípio da legalidade e devem ser executadas por pessoa competente para tal.

O Princípio 5 estabelece o tratamento igualitário para todos, sem qualquer distinção de raça, cor, gênero, credo ou outra. Estabelece a necessidade de revisão periódica desses princípios.

O Princípio 6 estabelece a vedação total e irrestrita à tortura.

O artigo 9.1 do Pacto Internacional de Direitos Civis e Políticos estabelece que a privação da liberdade se dará nos termos estabelecidos em lei. A suspeita da prática de um delito insere um componente subjetivo à ação do agente, o que lhe confere um juízo de valoração e a consequente liberdade de ação. Daí a importância de sempre buscar a qualidade dos agentes para que eles possam atuar com acerto quando tiverem que decidir pela captura ou não de determinada pessoa.

Assim, à observância do princípio da legalidade, deve-se acrescentar a competência do agente, não só na acepção legal do termo, mas também no sentido de possuir qualidade para a boa prática do ato. Ressalta-se aqui o importante papel da educação na obtenção da melhor qualidade dos agentes.

O mencionado artigo estabelece a vedação expressa à captura ou detenção arbitrária. Esse dispositivo prescreve que a arbitrariedade pode residir não só no praticado pelo agente, mas também na própria lei. A arbitrariedade se manifesta mesmo nos casos em que há previsão legal, mas na execução do ato são utilizados meios desproporcionais, injustos e imprevisíveis.

O artigo 10.1 estabelece que toda pessoa privada de liberdade será tratada com humanidade e com respeito à dignidade inerente à pessoa humana.

A proibição da tortura

Segundo o Pacto Internacional de Direitos Civis e Políticos, a proibição da tortura é absoluta e não admite exceções (artigo 7º), mesmo em se tratando de situação excepcional, que caracterize grave perturbação da ordem pública (artigo 4º).

A Convenção Contra a Tortura e Outras Penas ou Tratamentos Cruéis, Desumanos ou Degradantes, estabelece várias disposições contra a sua prática, merecendo destaque: a vedação total e expressa à alegação da existência de alguma circunstância excepcional que autorize e legitime o seu uso, a vedação ao uso da argumentação de ter agido sob ordem superior para justificá-la, a necessidade de inserção do tema no treinamento, bem como a necessidade da revisão constante das normas de conduta dos agentes etc.

No artigo 15, estabelece a inadimisibilidade das provas obtidas por meio da tortura.

Crianças, adolescentes e mulheres

As crianças e os adolescentes acusados serão separados dos adultos e têm direito a julgamento rápido e sem demora injustificada, é o que estabelece o artigo 10.2 "b" e o artigo 14.3 "c" do Pacto Internacional de Direitos Civis e Políticos.

A Convenção Relativa aos Direitos da Criança estabelece, no artigo 37, o seguinte: proibição da tortura, da privação da liberdade de forma arbitrária, ou seja, na detenção as crianças devem ser tratadas com dignidade e respeito às condições peculiares à sua idade, devem ser mantidas separadas dos adultos e a elas devem ser asseguradas a assistência da família e de advogado, entre outras.

No artigo 40, estabelece aos Estados, nas situações em que as crianças forem acusadas da prática de infração às leis penais, a obrigação de lhes proporcionar tratamento voltado a promover e estimular "seu sentido de dignidade e de valor".

Às mulheres é assegurada idêntica proteção à dos homens, contudo dada à existência de condições peculiares a elas será dispensado tratamento diferenciado sem que isso constitua discriminação ilegal e, portanto ato arbitrário. Nessa condição, estão as mulheres grávidas e as lactantes.

Quando da detenção, elas deverão ser revistadas por pessoa do mesmo sexo e deverão ser mantidas sob custódia em compartimento distinto dos homens.

CAPÍTULO 8
O Programa Nacional de Direitos Humanos

A Declaração e o Programa de Ação de Viena recomendou aos Estados Nacionais a elaboração de planos nacionais para a proteção e promoção dos direitos humanos.

Em 1986, o governo brasileiro lançou o primeiro Programa Nacional de Direitos Humanos e assim o Brasil se tornou o terceiro país, depois da Austrália e das Filipinas, a atender a recomendação da Conferência Mundial de Direitos Humanos de Viena.

Hoje o plano se encontra em sua terceira edição. O Terceiro Programa Nacional de Direitos Humanos, instituído pelo Decreto nº 7.037, de 21 de dezembro de 2009, representa um verdadeiro roteiro para a consolidação da democracia, consubstanciado no diálogo permanente entre Estado e sociedade civil; na transparência em todas as esferas de governo; na primazia dos Direitos Humanos nas políticas internas e nas relações internacionais; no caráter laico do Estado; fortalecimento do pacto federativo; universalidade, na indivisibilidade e interdependência dos direitos civis, políticos, econômicos, sociais, culturais e ambientais e na opção clara pelo desenvolvimento (Vannuchi, 2009).

O Presidente da República, Luis Inácio Lula da Silva (2009) na apresentação da PNDH 3 ressaltou que:

> Não haverá paz no Brasil e no mundo enquanto persistirem injustiças, exclusões, preconceitos e opressão de qualquer tipo. A equidade e o respeito à diversidade são elementos basilares para que se alcance uma convivência social solidária e para que os Direitos Humanos não sejam letra morta da lei (p. 13).

O PNDH 3 está estruturado em seis eixos orientadores, subdivididos em 25 diretrizes, 82 objetivos estratégicos e 521 ações programáticas abrangendo uma enorme e diversificada gama de temas em que se traduzem as mais variadas aspirações e desafios propostos à sociedade brasileira como um todo e em especial ao Estado brasileiro.

O eixo orientador III trata da universalização de direitos em um contexto de desigualdades e aborda em suas diretrizes e objetivos estratégicos o seguinte: garantia dos direitos humanos de forma universal, indivisível e interdependente, assegurando a cidadania plena, proteção e garantia dos direitos de crianças e adolescentes por meio da consolidação das diretrizes nacionais do Estatuto da Criança e do Adolescente, da Política Nacional de Promoção, Proteção e Defesa dos Direitos da Criança e do Adolescente e da Convenção sobre os Direitos da Criança da ONU, igualdade e proteção dos direitos das populações negras, historicamente afetadas pela discriminação e outras formas de exclusão, garantia aos povos indígenas da manutenção e resgate das condições de reprodução, assegurando seus modos de vida, garantia dos direitos das mulheres para o estabelecimento das condições necessárias para sua plena cidadania, garantia da igualdade na diversidade por meio da afirmação da diversidade para a construção de uma sociedade igualitária, da proteção e promoção da diversidade das expressões culturais como direito humano, da valorização da pessoa idosa e promoção de sua participação na sociedade, da promoção e proteção dos direitos das pessoas com deficiência e garantia da acessibilidade igualitária, da garantia do respeito à livre orientação sexual e identidade de gênero, do respeito às diferentes crenças, liberdade de culto e garantia da laicidade do Estado.

O eixo orientador IV, intitulado Segurança Pública, Acesso à Justiça e Combate à Violência: Democratização e Modernização do Sistema de Segurança Pública estabelece ações que visam à promoção dos direitos humanos dos profissionais do sistema de segurança pública, assegurando sua formação continuada e compatível com as atividades que exercem, a transparência e a participação popular no sistema de segurança pública e justiça criminal, a consolidação de mecanismos de participação popular na elaboração das políticas públicas de segurança, o combate à violência institucional, com ênfase na erradicação da tortura e na redução da letalidade policial e carcerária, o fortalecimento dos mecanismos de controle do sistema de segurança pública e o combate às execuções extrajudiciais realizadas por agentes do Estado.

Estabelece a adoção de medidas de combate às execuções extrajudiciais realizadas por agentes do Estado, recomendando o fim do emprego da expressão "Resistência Seguida de Morte" no registro das ocorrências em que há mortes de civis resultantes da ação policial.

Incentiva a criação e o fortalecimento dos Comitês de Educação em Direitos Humanos em todos os estados e no Distrito Federal, como órgãos consultivos e propositivos da política de educação em Direitos Humanos.

No eixo orientador V, intitulado Educação e Cultura em Direitos Humanos, realça a importância da educação em direitos humanos na formação de uma "nova mentalidade coletiva" (p. 150) na qual valores como a solidariedade e o respeito às diferenças são estimulados, visando a uma convivência harmônica entre todos.

Especialmente para os agentes do sistema de segurança pública explicita a preocupação com o ensino em direitos humanos em um processo sistemático e multidimensional cujo:

> objetivo é combater o preconceito, a discriminação e a violência, promovendo a adoção de novos valores de liberdade, justiça e igualdade... fundamentais para consolidar o Estado Democrático e a proteção do direito à vida e à dignidade, garantindo tratamento igual a todas as pessoas e o funcionamento de sistemas de Justiça que promovam os Direitos Humanos (p. 151).

O Programa Nacional de Direitos Humanos representa uma resposta da sociedade como um todo ao atual quadro que se apresenta e uma tentativa de mudança e de superação das arraigadas estruturas de poder e subordinação presentes na sociedade e na hierarquia das instituições policiais historicamente marcadas pela violência, gerando um círculo vicioso de insegurança, ineficiência, arbitrariedades, torturas e impunidade (Vannuchi, 2009).

Segundo diversos autores (Vannucchi, 2009; Pinheiro, 2010; Piovesan, 2010), o PNDH 3 apresenta as bases de uma Política de Estado para os Direitos Humanos impondo-se a todos o grande desafio de concretizá-lo.

O Professor Paulo Sérgio Pinheiro (2010) assinala a importância da participação da sociedade civil na elaboração dos Programas Nacionais de Direitos Humanos, tendo ela sido aprofundada no terceiro e que constitui uma de suas características principais. Segundo o autor:

> O Estado é o lugar mesmo da contradição entre o monopólio da violência física legítima, seus agentes muitas vezes perpetrando violações de Direitos Humanos e sua outra face, a da obrigação de proteger os Direitos Humanos. Por causa mesmo dessa ambiguidade do Estado, está claro que a parceria entre o Estado e a sociedade civil jamais se tratou de um "contrato de confiança" da sociedade civil com o Estado, mas de um "pacto de desconfiança" em que a autonomia da sociedade civil é condição necessária. Não há política de direitos sem conflitos, dificuldades e obstáculos, progressos e recessos (p. 8).

A professora Flavia Piovesan (2010), analisando a constitucionalidade do PNDH 3, exalta sua importância ao "lançar a pauta de Direitos Humanos no debate público, como política de Estado, de ambiciosa vocação transversal" (p. 12).

A autora destaca ser ele fruto de um amplo debate havido entre o governo, em suas várias esferas e a sociedade civil, representada por vários segmentos. Para ela, o PNDH 3 está:

> em absoluta consonância com os parâmetros internacionais de Direitos Humanos e com a recente jurisprudência internacional, refletindo tendências contemporâneas na luta pela afirmação desses direitos e as obrigações internacionais do Estado brasileiro neste campo (p. 13).

Por fim, a autora conclui pela constitucionalidade do PNDH 3 atestando que ele:

> está em absoluta consonância com os parâmetros protetivos internacionais e constitucionais, de forma a implementar no âmbito interno obrigações internacionais em matéria de Direitos Humanos, realizando, ainda, a normatividade constitucional afeta a direitos e liberdades fundamentais. O PNDH-3 tem o mérito de tecer a interação e o diálogo entre a ordem internacional e constitucional, refletindo as atuais tendências na luta pela afirmação dos Direitos Humanos (p. 16).

Todos eles ratificados pelo Estado brasileiro e devidamente incorporados à órbita jurídica nacional, como direitos e garantias fundamentais, conforme prescrevem os §s 2º e 3º do artigo 5º da Constituição Federal.

CAPÍTULO 9
O Programa Estadual de Direitos Humanos

O Programa Estadual de Direitos Humanos, instituído pelo Decreto N° 42.209 de 15 de setembro de 1997, enfatiza a importância da participação da sociedade civil na sua elaboração, a observância dos princípios da indivisibilidade e da universalidade dos direitos humanos estabelecidos na Declaração e no Programa de Ação de Viena, a necessidade da promoção dos direitos humanos e da cidadania, tendo o Estado e a sociedade civil como parceiros e afirma o compromisso do Governo do Estado de São Paulo com a consolidação da democracia e do respeito aos direitos humanos "buscando superar toda e qualquer situação que viole a dignidade humana" (p. 1).

Na apresentação do Programa Estadual de Direitos Humanos, o Governador Mário Covas (1997), ressaltando sua importância, afirmou:

> O Programa Estadual de Direitos Humanos torna-se, pois, um dos instrumentos mais importantes para que o Estado e a sociedade civil concretizem, no dia a dia, a interação entre democracia, direitos humanos e desenvolvimento (p. 1).

O Estado de São Paulo foi o primeiro a elaborá-lo, cumprindo uma das principais recomendações do Programa Nacional de Direitos Humanos. Também foi o primeiro estado a dar status de política pública aos direitos humanos.

O Programa Estadual de Direitos Humanos traduz o compromisso do governo estadual de lutar para resolver os principais problemas na área dos direitos humanos, tais como a impunidade, a violência e a discriminação. Está estruturado em quatro capítulos nos quais há a apresentação de propostas à sociedade.

Merecem destaques as propostas referentes à educação para a democracia e os direitos humanos no qual há previsão expressa do estabelecimento de parcerias com entidades não governamentais, visando ao desenvolvimento de "programas interdisciplinares na área de direitos humanos", o desenvolvimento de programas de formação para os policiais civis e militares, "orientados pela concepção dos direitos humanos" e à criação de "comissão para elaborar e sugerir material didático e metodologia educacional" (p. 1), relacionadas ao tema.

Propõe medidas de promoção da cidadania e de combate à discriminação, de promoção dos direitos das crianças e adolescentes, das mulheres, da população negra, dos povos indígenas, dos refugiados, migrantes estrangeiros e brasileiros, da terceira idade e das pessoas portadoras de deficiência.

Incentiva a formação de parcerias entre Estado e sociedade na formulação, a implementação, monitoramento e avaliação de políticas e programas de direitos humanos.

Propõe a elaboração de indicadores básicos para monitoramento e avaliação de políticas de direitos humanos e da qualidade de programas e projetos relativos aos direitos humanos.

CAPÍTULO 10
A Lei de Diretrizes e Bases da Educação Nacional

A qualificação para o trabalho e o preparo para o exercício da cidadania, consoante o disposto no artigo 205 da Constituição Federal, são fins visados pela educação.

A Constituição Federal estabelece, no artigo 214, a previsão da elaboração de um plano nacional de educação a ser criado por lei. Nesse contexto, foi instituída pela lei 9.394, de 20 de dezembro de 1996, a Lei de Diretrizes e Bases da Educação Nacional cuja finalidade é o estabelecimento das diretrizes e das bases da educação nacional.

Alguns tópicos da lei merecem destaque. No artigo 1º, § 2º assinala a necessidade da educação estar vinculada "ao mundo do trabalho e à prática social" (p. 7). Depreende-se que a educação só terá sentido se capacitar o indivíduo a enfrentar os problemas e situações que irá se deparar no mundo, daí a necessidade de ser voltada para a realidade social.

O artigo 3º estabelece, na esteira do previsto no artigo 206 da Constituição Federal, os princípios para o desenvolvimento do ensino merecendo destaque: o pluralismo de ideias (inciso III), a tolerância e o respeito à liberdade (inciso IV), à gestão democrática (inciso VIII) e à vinculação com o trabalho e às práticas sociais (inciso XI).

Ao delinear as competências dos entes federativos no tocante à educação, a lei, no artigo 9º, atribui à União a competência, entre outras, para "baixar normas gerais sobre os cursos de graduação e de pós-graduação" (inciso VII) (p. 13) e a supervisão e a avaliação dos cursos superiores (inciso IX), facultando-lhe, em tal mister, o acesso a todas as informações e dados necessários (§ 2º).

Os Estados membros devem seguir, na elaboração e execução de suas políticas e planos educacionais, os princípios e diretrizes nacionais (artigo 10, inciso III).

As finalidades da educação superior são delineadas no artigo 43 merecendo destaque a preparação adequada para a participação no desenvolvimento da sociedade brasileira (inciso II) e para o entendimento dos problemas do mundo em que vive (inciso VI).

No artigo 66, estabelece como condição para o exercício da docência no ensino superior a necessidade de pós-graduação, "prioritariamente em programas de mestrado e doutorado" (p. 48). A exceção se dá pelo reconhecimento do notório saber pela universidade (§ 2º).

O artigo 83 estabelece que o ensino militar será regulado em lei específica. Contudo, depreende-se que, embora possua características peculiares, o ensino em instituições militares deve seguir os princípios e diretrizes nacionais de acordo com o estipulado no artigo 10 inciso III da Lei.

CAPÍTULO 11
O sistema de ensino da Polícia Militar do Estado de São Paulo

A Lei Complementar nº 1036, de 11 de janeiro de 2008

Institui o Sistema de Ensino da Polícia Militar do Estado de São Paulo, "dotado de características próprias, nos termos do artigo 83" (p. 1) da Lei de Diretrizes e Bases da Educação Nacional.

O artigo 83 acima mencionado se refere ao ensino militar. Contudo qual o significado da expressão "militar"?

Ele se aplica somente às Forças Armadas ou também às Polícias Militares estaduais uma vez que são instituições com missões constitucionais distintas?

Às forças armadas compete a defesa da Pátria e a garantia dos poderes constitucionais, e às polícias militares compete a preservação da ordem pública e da incolumidade das pessoas e do patrimônio, o que requer formação distinta dos seus quadros.

Cabe ressaltar que dois fundamentos da Política de Ensino da Polícia Militar são a qualificação profissional para o exercício das funções atribuídas aos policiais militares, em prol da sociedade definida como destinatária dos serviços da polícia, estabelecidos respectivamente no artigo 3º incisos I e IV "a" da Diretriz Geral de Ensino da corporação. A função constitucional atribuída à Polícia Militar é bem diferente da atribuída às Forças Armadas.

O texto constitucional estabelece essa distinção de maneira inequívoca e em nenhuma ocasião empregou a expressão "militar" como sinônimo para ambas instituições.

No artigo 3º, a lei complementar estabelece os fundamentos do Sistema de Ensino merecendo destaque: a integração à educação nacional (inciso I) e o pluralismo pedagógico (inciso V).

No artigo 4º, estabelece que o Sistema de Ensino valorizará: a proteção da vida, da integridade física, da liberdade e da dignidade humana; a integração permanente com a comunidade; as estruturas e convicções democráticas, especialmente a crença na justiça, na ordem e no cumprimento da lei; os princípios fundamentais da

Instituição Policial Militar; a assimilação e a prática dos direitos, dos valores morais e deveres éticos; a democratização do ensino; a estimulação do pensamento reflexivo, articulado e crítico.

A Diretriz Geral de Ensino

A Diretriz Geral de Ensino – D-5-PM (2010) é o documento que define e traça as linhas mestras da política de ensino da Polícia Militar do Estado de São Paulo.

O artigo 2°, inciso II, letra "b" elenca, entre outras, como fontes da política de ensino da corporação a Lei Complementar n° 1.036, de 11 de janeiro de 2008 (Lei de Ensino PM), o Decreto n° 54.911, de 14 de outubro de 2009 (Decreto de Ensino PM), a Lei de Diretrizes e Bases da Educação Nacional (LDB) e "outras fontes correlatas" (p. 7). Não as especifica, mas permite inferir que são todas as normas aplicáveis à educação e, em especial, à educação em direitos humanos oriundas de documentos nacionais e internacionais ratificados pelo Estado brasileiro.

No artigo 3°, ela estabelece os fundamentos da política de ensino merecendo destaque a qualificação dos recursos humanos para o exercício das funções atribuídas aos policiais militares (inciso I), a integração à educação nacional (inciso III), a qualificação profissional em prol da sociedade definida como destinatária dos serviços da polícia (inciso IV, "a"), a valorização do exercício e da proteção dos direitos e garantias constitucionais (inciso IX "a"), da proteção e da promoção dos direitos humanos, em especial à vida, à integridade física, à liberdade e à dignidade"(p. 8) (inciso IX "b"), do policial militar como defensor da sociedade (inciso IX "c"), das instituições democráticas, "especialmente a crença na justiça, na ordem e no cumprimento da lei" (p. 8) (inciso IX "e") e do estímulo ao "pensamento reflexivo, articulado e crítico" (p. 8) (inciso IX "h").

No § 2° do mesmo artigo, determina que a seleção dos docentes será por mérito.

No artigo 15, define currículo como "o documento que disciplina o funcionamento de curso ou estágio" (p. 14) cuja aprovação e atualização é competência do Chefe do Estado-Maior da Polícia Militar.

Estabelece ainda que o currículo é composto de duas partes. A primeira, denominada parte geral, merecendo destaque a obrigação de constar a especificação da grade curricular e dos objetivos particulares de cada matéria (artigo 16, inciso I, letras "c" e "f"). A segunda, denominada Planos Didáticos de Matérias, onde deve constar a grade curricular do curso e da matéria específica, o conteúdo programático e os objetivos específicos detalhando os assuntos de cada matéria (inciso II letras "d", "e", "f" e "g").

CAPÍTULO 12
O corpo docente

A contratação de docentes civis

É regulamentada por dois Decretos Estaduais. O Decreto nº 51.319, de 30 de novembro de 2006, que disciplina a remuneração dos docentes civis e o Decreto nº 54.911, de 14 de outubro de 2009, que estabelece e institui o Sistema de Ensino da Polícia Militar.

Este último estabelece requisitos obrigatórios para a contratação de docentes civis, a saber: possuir diploma universitário, curso de pós-graduação com habilitação na matéria curricular que pretende lecionar (artigo 13, inciso I) e ser servidor público da administração direta e indireta e dentre os membros do Poder Judiciário e do Ministério Público do Estado de São Paulo (artigo 15).

No âmbito interno da Polícia Militar duas portarias, que disciplinam o processo de seleção de docentes civis, merecem destaque.

A primeira é a Portaria do Comandante Geral nº PM1-004/02/09, publicada no Diário Oficial do Estado de 09 de outubro de 2009, que estabelece requisitos a serem observados pelos candidatos, a saber: ser servidor civil da administração pública direta, ser membro do Ministério Público ou do Poder Judiciário do Estado de São Paulo (artigo 1º), possuir graduação em curso que inclua matéria idêntica ou afim àquela a ser ministrada (artigo 2º, inciso I) e possuir experiência mínima de um ano em atividades de docência em estabelecimento de ensino superior.

Estabelece no parágrafo único do artigo 3º que o processo seletivo será realizado em uma única fase, consistente na avaliação de títulos do candidato. Não há a previsão de qualquer outro exame tal como provas escritas, dissertativas ou prova oral. O exame seletivo será organizado e realizado por uma Comissão Julgadora designada pelo Diretor de Ensino e Cultura da corporação, cujo resultado final será publicado no Diário Oficial do Estado.

As hipóteses de descredenciamento e de desligamento dos docentes civis estão elencadas no artigo 14, merecendo destaque aquela que prevê a demissão do docente se, na avaliação semestral realizada pelo corpo discente, obtiver pontuação abaixo do mínimo exigido pelo órgão de ensino.

Compete ao Diretor de Ensino da instituição credenciar e descredenciar os docentes civis, conforme prevê o artigo 34, inciso V da Diretriz Geral de Ensino (2010).

A segunda é a Portaria nº 021/12/10 do Diretor de Ensino da Polícia Militar publicada no Diário Oficial do Estado de 08 de abril de 2010, que inova ao permitir a contratação também dos servidores ativos ou inativos da administração pública indireta ampliando o rol estabelecido na Portaria do Comandante Geral acima mencionada.

O docente policial militar

O docente policial militar não é contratado, mas sim designado para o exercício de tal função nos termos do artigo 13, inciso II do Decreto Lei Estadual nº 54.911 de 14 de outubro de 2009, exigindo, como único requisito, possuir habilitação específica para lecionar a matéria.

Já a Diretriz Geral de Ensino da Polícia Militar (2010) não estabelece nenhum requisito obrigatório ao docente policial-militar, não havendo a previsão da realização de provas de títulos e documentos, diferente do que é estabelecido para a contratação dos docentes civis.

Contudo, a Portaria nº 003/11/98 alterada pela Portaria nº 15/14/03, ambas da Diretoria de Ensino e Cultura da instituição estabelecem que:

> Artigo 1º – Os docentes selecionados para ministrarem aulas do ensino fundamental nos cursos e estágios da Corporação obedecerão as mesmas exigências do ensino público civil, com relação a sua formação universitária (p. 1).

Note-se que para os docentes militares há a exigência dos mesmos requisitos impostos aos docentes civis, para as matérias do ensino fundamental da instituição.

Estabelece ainda no § 1º que deverá ser dada preferência aos docentes civis, devidamente qualificados, em se tratando de matérias do ensino fundamental.

Para o ensino profissional atendendo aos requisitos da peculiaridade do ensino militar previsto na Lei de Diretrizes e Bases da Educação, são estabelecidas outras regras.

No currículo instituído em 2005, a disciplina Direitos Humanos consta no rol de disciplinas que pertencem à área jurídica e no currículo instituído em 2010 ela faz parte do rol de matérias que compõem as ciências jurídicas assim como outras disciplinas a exemplo de direito penal, processual penal, constitucional etc.

CAPÍTULO 13
A educação em Direitos Humanos no Curso de Formação de Oficiais

Após estabelecer um panorama sobre o Sistema de Ensino da Polícia Militar do Estado de São Paulo será analisada como se desenvolve a educação em direitos humanos no Curso de Formação de Oficiais, atualmente denominado Bacharelado em Ciências Policiais de Segurança e Ordem Pública.

Buscando entender o contexto geral em que ela ocorre foi realizada uma entrevista, como ponto de partida, com o Chefe do Departamento de Ensino daquele estabelecimento de ensino.

Dessa forma, no dia 16 de agosto de 2011, com a devida autorização do Coronel PM Airton Alves da Silva, Comandante da Academia de Polícia Militar do Barro Branco, foi realizada entrevista com o Major PM Walter Fernandes, Chefe do Departamento de Ensino daquele estabelecimento. Estabeleceu-se desde o início um ambiente de cordialidade e de cooperação.

A entrevista teve por objetivo entender como se desenvolve o ensino de direitos humanos no Curso de Formação de Oficiais da mencionada Academia e foi estruturada em perguntas e respostas.

A primeira pergunta versou sobre qual é o currículo e a carga horária vigente.

O Curso de Formação de Oficiais tem a duração de quatro anos. Ao final, se aprovado, o Aluno Oficial será declarado Aspirante a Oficial.

Foi respondido que atualmente são dois os currículos vigentes. Um estabelecido em 2005 com validade para o período compreendido entre 2006 e 2009 e que se aplica aos alunos do terceiro e quarto anos, sendo que permanecerá em vigor até 2012, quando os alunos do atual terceiro ano concluirão o quarto ano. A carga horária total das matérias curriculares é de 4416 horas/aula.

O outro, instituído em 2010, que se aplica aos alunos do primeiro e segundo anos do Curso de Formação de Oficiais e que se aplicará aos alunos dos futuros terceiro e quarto anos a contar de 2013. A carga horária total das matérias curriculares é de 4480 horas/aula. Ele foi elaborado a partir da necessidade, percebida pelo atual Comando da Academia, de revisão, adequação e atualização dos currículos.

Para tanto foram convocados todos os docentes da disciplina, seis no total, e num trabalho conjunto deu-se a elaboração de uma proposta de um novo currículo, que foi submetida à análise e aprovação do Comando Geral da Polícia Militar.

A análise, no Comando Geral, coube à 3ª Seção do Estado-Maior, órgão incumbido, de acordo com as normas de organização da Polícia Militar do Estado de São Paulo, entre outras funções, a realizar tal tarefa.

Após algumas reuniões, decidiu-se pela configuração anteriormente exposta, com a manutenção do currículo anterior coexistindo com o elaborado em 2010. O principal argumento utilizado foi que a mudança no currículo poderia afetar a segurança no ensino, talvez se referindo à eventual falta de estabilidade no desenvolvimento das atividades escolares.

A segunda pergunta versou sobre como foram elaborados os currículos. Foi respondido que ambos foram elaborados pelos Oficiais da 3ª Seção do Estado-Maior da Polícia Militar. Embora tenha havido uma proposta elaborada pelos docentes da disciplina no que tange ao currículo de 2010, a Academia não foi consultada.

A terceira pergunta versou como são contratados os docentes. Respondeu-se o seguinte: existem seis docentes, dois são civis e quatro são oficiais da Polícia Militar.

Os civis são escolhidos mediante concurso público que consiste somente na avaliação de títulos do candidato, não havendo a previsão de avaliação do conhecimento da matéria mediante a realização de exames e do desempenho em classe (avaliação de aula). A avaliação é realizada por uma Comissão de Oficiais da Diretoria de Ensino e Cultura da Polícia Militar.

Há alguns requisitos obrigatórios, um deles é a exigência de que o candidato civil possua vínculo empregatício com algum órgão da administração pública direta ou indireta, do Ministério Público e do Poder Judiciário do Estado de São Paulo. Se aprovado, o candidato será contratado por um período de dois anos.

Os docentes policiais militares são escolhidos mediante indicação, não sendo submetidos a nenhum tipo de concurso. A única exigência é que possuam o curso de direitos humanos realizado na Polícia Militar.

A quarta pergunta versou sobre como foram estabelecidos os conteúdos programáticos das aulas de direitos humanos que compõem o currículo e como foi definida a previsão da carga horária total de noventa horas/aula distribuídas nos quatro anos do curso de formação de oficiais. Foi respondido que tudo foi estabelecido pela 3a Seção do Estado-Maior da Polícia Militar, não havendo a participação da Academia de Polícia Militar.

A quinta pergunta versou sobre a importância dos docentes civis ministrando aulas. Foi respondido que, baseado em observações, a presença do docente civil estimula o debate e suscita a participação dos alunos, o que é salutar para o aprendizado.

A sexta pergunta versou sobre a avaliação dos corpos docente e discente na matéria.

Foi respondido que o corpo docente é avaliado da seguinte maneira:

• Visitas de Gestão de Sala de Aula: Realizada por cinco oficiais do Departamento de Ensino da Academia de Polícia Militar que, mediante programação previamente elaborada e sem o conhecimento prévio do docente comparecem à sala e assistem à aula que está sendo ministrada. São avaliadas a competência e a habilidade do professor;

• Avaliação semestral realizada pelos alunos e que versa sobre apresentação pessoal, conhecimento, habilidade e didática do docente. Tal avaliação resultará na atribuição de uma nota que varia de zero a cinco e que corresponde aos conceitos insuficiente, regular, bom, muito bom e excelente. Se a média geral ou se o conceito atribuído a um dos quesitos for inferior a bom, o docente será convocado para uma reunião com a coordenação do curso e poderá sofrer penalidade que varia desde a advertência até o desligamento do corpo docente, mediante proposta devidamente motivada da Academia à Diretoria de Ensino e Cultura que decidirá sobre a sua aplicação, nos termos do artigo 34, inciso V da Diretriz Geral de Ensino da corporação (2010).

A avaliação do corpo discente se dá na seguinte conformidade:

• Uma prova escrita obrigatória realizada no final do semestre, denominada Verificação Corrente e que possui peso dois na média final;

• Uma prova escrita, denominada Verificação Especial, não obrigatória realizada de surpresa no transcorrer do semestre e que possui peso um na média final;

• Exame de Avaliação do Aprendizado, similar ao Exame Nacional de Aprendizagem do Ensino Médio – ENEM, realizado todo final do ano e que compreende toda a matéria ministrada. Possui caráter cumulativo, ou seja, para os alunos do segundo, terceiro e quarto anos abrangerá não só o que foi ministrado no corrente ano, mas também nos anos anteriores. Tem por objetivo avaliar o grau de aprendizagem do aluno e sua capacidade de resolução de problemas propostos. A ele é atribuído peso dois na média final do curso.

Após quase duas horas de duração, a entrevista foi encerrada.

CAPÍTULO 14
Os currículos da disciplina Direitos Humanos do Curso de Formação de Oficiais

O primeiro registro da existência da disciplina Direitos Humanos, no Curso de Formação de Oficiais da Academia de Polícia Militar do Barro Branco, data do ano de 1994. Nessa ocasião, a disciplina recebeu a denominação de Direito Internacional Humanitário. Em 1996, 1997 e 1999, ela recebeu a denominação de Direito Humanitário Internacional. A partir de 2000, até hoje, ela recebe a denominação de Direitos Humanos.

A tabela abaixo, em síntese, mostra a evolução da carga horária da disciplina, no período acima mencionado, a saber:

Tabela 1 – Histórico da disciplina Direitos Humanos.

Ano	Nome da Disciplina	Carga Horária da Disciplina (horas/aula)	Carga horária total do Curso (horas/aula)	% do Total
1994 e 1995	Direito Internacional Humanitário	36	3153	1,01
1996	Direito Humanitário Internacional	36	4615	0,78
1997 e 1998	Direito Humanitário Internacional	36	4788	0,75
1999	Direito Humanitário Internacional	36	4722	0,76
2000	Direitos Humanos	144	6100	2,36
2001	Direitos Humanos	144	8884	1,62
2002	Direitos Humanos	90	5923	1,51
2003	Direitos Humanos	90	5896	1,52
2004 e 2005	Direitos Humanos	90	5906	1,51
2006 a 2009	Direitos Humanos	90	6243	1,44
2010 a 2013	Direitos Humanos	90	6109	1,47

Contudo, não há, na Polícia Militar, um arquivo mais detalhado dessa evolução, o que impossibilitou o acesso ao conteúdo programático da disciplina até 2004. Somente foi possível realizar uma análise mais detalhada nos currículos referentes aos períodos 2006-2009 e 2010-2013. Por razões já expostas na entrevista com o Oficial Chefe do Departamento de Ensino da Academia de Polícia Militar do Barro Branco, atualmente, esses dois currículos coexistem.

Apesar do motivo da elaboração do novo currículo ser o reconhecimento da necessidade de revisão e atualização do seu conteúdo, no que diz respeito aos Direitos Humanos, nada mudou em termos significativos e substanciais.

No currículo instituído em 2005, conforme Anexo A, com validade para os cursos iniciados no período de 2006 a 2009, há a previsão de 4416 horas/aula para as matérias curriculares sendo destinadas somente 90 horas/aula (2,03 % do total) para a disciplina Direitos Humanos a serem ministradas no 4º ano do Curso de Formação de Oficiais.

No currículo mais recente, instituído em 2010, conforme Anexo C, num total de 4480 horas/aula previstas para as matérias curriculares, são estabelecidas as mesmas 90 horas/aula (2 % do total), com a diferença de serem distribuídas em três anos, ou seja, no primeiro, terceiro e quarto anos, com a previsão de 30 horas/aula para cada ano.

Se for levado em consideração o total geral de horas/aula do curso, ou seja, as disciplinas curriculares e as atividades de campo, o percentual ainda é menor. No currículo instituído em 2005, conforme Anexo B, o total geral é de 6743 horas/aula para 90 horas/aula previstas para Direitos Humanos perfazendo 1,33 % do total. Para o currículo instituído em 2010, conforme Anexo D, há a previsão de 6109 horas/aula o que resulta em apenas 1,47% das aulas destinadas à disciplina Direitos Humanos.

Após análise dos respectivos conteúdos programáticos dos currículos em vigor, conforme Anexos A e C, verifica-se que, em relação ao conteúdo nada mudou, embora a necessidade de mudança tenha motivado a elaboração de um novo currículo. São oportunas algumas considerações.

Em ambos os currículos, os objetivos estabelecidos para a disciplina são os mesmos, ou seja: o Direito Internacional dos Direitos Humanos e sua correlação com o ordenamento jurídico brasileiro, os direitos humanos e a atividade policial com ênfase na aplicação de técnicas de intervenção policial de alto risco e a inserção da temática da discriminação de grupos vulneráveis. Houve, no currículo mais recente, a distribuição das matérias em três anos.

Quando se refere aos documentos internacionais de direitos humanos, o currículo faz menção expressa somente ao Pacto Internacional de Direitos Civis e Políticos e ao Pacto Internacional de Direitos Econômicos e Sociais não fazendo alusão a outros de suma importância.

Quando se refere à proteção de grupos vulneráveis faz menção, de forma genérica, às mulheres, às crianças e adolescentes e aos negros com enfoque nas ações afirmativas.

No tocante à atuação do policial militar, o currículo aborda tópicos existentes no Código de Conduta para Funcionários Responsáveis pela Aplicação da Lei, além dos princípios básicos do uso da força e armas de fogo e para a proteção de todas as pessoas sujeitas a qualquer forma de detenção ou prisão, todos do Comitê Internacional da Cruz Vermelha.

Ao tratar da Declaração Universal dos Direitos Humanos, se refere à estrutura organizacional da Organização das Nações Unidas detalhando como cada órgão funciona e sua atribuição, deixando de abordar temas de relevância desse que é considerado um dos documentos mais importantes da história da humanidade. Há muito que se falar e que sequer foi abordado.

Ao se referir aos princípios da Declaração Universal, estabelece-se uma confusão de conceitos. Ela elenca como tais a liberdade; o tráfico de pessoas; as condições de trabalho equitativas e humanas; o direito de asilo; a proteção das minorias; a nacionalidade e a extradição quando na verdade não o são.

Ela não faz menção à Declaração e ao Programa de Ação de Viena, à Convenção Americana de Direitos Humanos – Pacto de *San Jose* da Costa Rica, à Convenção das Nações Unidas das Pessoas com Deficiên-cia, à Convenção Relativa aos Diretos das Crianças e seu Protocolo Facultativo, à Convenção Relativa à Eliminação de Todas as Formas de Discriminação Contra a Mulher, à Convenção Interamericana para Prevenir, Punir e Erradicar a Violência Contra a Mulher – Convenção de Belém do Pará, à Declaração sobre a Proteção de Todas as Pessoas Contra a Tortura ou Outros Tratamentos ou Penas Cruéis ou Degradantes, à Convenção Contra a Tortura e Outros Tratamentos ou Penas Cruéis, Desumanos ou Degradantes e seu Protocolo Facultativo, à Convenção Internacional Relativa à Eliminação de Todas as Formas de Discriminação Racial, à Declaração sobre a Eliminação de Todas as Formas de Intolerância e Discriminação Fundadas na Religião ou nas Convicções, à Declaração sobre a Raça e os Preconceitos Raciais, à Declaração Universal dos Direitos dos Povos Indígenas, à Declaração sobre os Direitos Humanos dos indivíduos que não são nacionais no País em que vivem.

Trata-se de documentos ratificados pelo Estado brasileiro e, portanto, estão incorporados à ordem jurídica nacional e que devem ser de conhecimento daqueles que exerçam a missão de proteger a sociedade.

Da mesma maneira, à exceção da lei que disciplina os crimes de tortura, não há menção, em nível nacional à legislação relacionada aos documentos internacionais acima mencionados como ao Estatuto do Idoso, à legislação referentes aos direitos das pessoas com deficiência etc.

Igualmente, não há nos currículos a abordagem a temas importantíssimos à temática dos direitos humanos como a universalidade e indivisibilidade, o primado da dignidade da pessoa humana, o preconceito e a discriminação, ou seja, como se manifestam e quais são seus elementos constitutivos.

CAPÍTULO 15

Considerações sobre a educação em Direitos Humanos no Curso de Formação de Oficiais

Neste momento, buscar-se-á demonstrar se a educação em direitos humanos no Curso de Formação de Oficiais da Academia de Polícia Militar do Barro Branco é desenvolvida em consonância com o que é preconizado pelos Programas Nacional e Estadual de Direitos Humanos e pela Lei de Diretrizes e Bases da Educação Nacional.

Ao mencionar as estratégias metodológicas a serem utilizadas na educação em Direitos Humanos, Candau (2011) afirma a necessidade de serem ativas e participativas, fomentando a reflexão dos alunos para a sociedade em que vivem.

Para tanto, a autora assinala a necessidade da:

> construção (na educação formal) de uma cultura escolar diferente, que supere as estratégias puramente frontais e expositivas, assim como a produção de materiais adequados, que promovam interação entre o saber sistematizado sobre Direitos Humanos e o saber socialmente produzido. Devem ter como referência fundamental a realidade e trabalhar diferentes dimensões dos processos educativos e do cotidiano escolar, favorecendo que a cultura dos Direitos Humanos penetre em todo o processo educativo (p. 405).

Após minuciosa análise da legislação referente ao ensino no âmbito federal e estadual, externo e interno à Polícia Militar, da análise da documentação atinente, quer sejam os currículos da disciplina Direitos Humanos, as normas internas e do teor da entrevista realizada, foi possível estabelecer se ela está apta a cumprir papel que lhe é designado como educação em direitos humanos em sua essência e para tanto se são empregadas metodologias que estimulem a vinculação entre o que é ensinado no plano teórico e a prática com que irão se deparar os jovens Oficiais.

Verificou-se a existência de um evidente descompasso entre o estabelecido na Lei de Diretrizes e Bases da Educação Nacional (LDB) e o estabelecido para o ensino na Polícia Militar. A vinculação entre educação e o mundo do trabalho e à prática social (artigo 1°, § 2°) não é estabelecida uma vez que o conteúdo programático das matérias constantes nos currículos da disciplina Direitos Humanos não permite um entendimento da sociedade, como de fato ela é, com todas as suas contradições e diferenças.

Assim as finalidades da educação superior prevista no artigo 43, inciso VI da lei não são contempladas posto que, nos moldes atuais ela não permite a preparação adequada do aluno para entender os problemas do mundo em que vive.

Ao não abordar temas altamente relevantes como a dignidade da pessoa humana, o preconceito, a discriminação e os princípios dos direitos humanos como a universalidade e a indivisibilidade, não cumpre o estabelecido no artigo 226 da Constituição Federal e no artigo 3° da lei, uma vez que não são observados os princípios para o desenvolvimento do ensino como o pluralismo de ideias, a tolerância e o respeito à liberdade e a vinculação com o trabalho e com as práticas sociais.

No tocante à contratação de docentes há, também, evidente desrespeito à Lei. Estabeleceu-se um tratamento diferenciado para a contratação do docente civil e do docente policial-militar.

Enquanto as normas em vigor na instituição permitem a contratação de docentes civis desde que sejam servidores da administração pública estadual e mediante a realização de concurso de títulos não fazendo menção específica à obrigatoriedade de possuir título de mestrado ou doutorado, a lei estabelece, no artigo 66, a necessidade de pós-graduação, prioritariamente em programas de mestrado e doutorado, não estabelecendo a obrigatoriedade de vínculo com a administração pública.

A exigência de vínculo com a administração pública estadual, no âmbito da Polícia Militar, reduz o alcance da norma federal, impede o acesso de pessoas devidamente qualificadas e estabelece critérios discriminatórios não tutelados pela Lei de Diretrizes e Bases da Educação Nacional. Nesse contexto, pessoas qualificadas para o exercício da docência em direitos humanos são impedidas de participarem do concurso pela simples razão de não serem servidores públicos estaduais. Estão excluídos, por exemplo, Procuradores da República, membros da Advocacia Geral da União e da Magistratura Federal, além de civis sem vínculo empregatício com a administração pública, mas que possuem vasta experiência nos mais diversos temas afetos aos direitos humanos.

Para a contratação de docentes policiais militares, o descumprimento da lei é mais flagrante.

Embora o Decreto Lei Estadual nº 54.911/09 e a Diretriz Geral de Ensino utilizando a expressão "designação", não estabeleçam de forma expressa a realização de concurso público e nem a obrigatoriedade de possuir o título de mestrado ou doutorado para os docentes policiais militares, Portaria nº 003/11/98 alterada pela Portaria nº 15/14/03, ambas da Diretoria de Ensino e Cultura, determinam, de maneira inequívoca, para a designação de docentes policiais militares, a satisfação das mesmas exigências estabelecidas para o docente civil.

Estabelecem ainda a prioridade na contratação dos civis em relação aos policiais militares para as matérias do ensino fundamental.

A situação real é a seguinte quanto à docência na disciplina Direitos Humanos do Curso de Formação de Oficiais: há seis docentes, dois civis, possuidores de título de doutor e quatro oficiais da Polícia Militar. Estes últimos não possuem título de mestre ou doutor.

A contratação dos docentes policiais militares não cumpre o disposto nas próprias normas da instituição acima comentadas. Com isso falta a eles a qualificação necessária para o exercício da atividade de docência.

Por mais que o artigo 83 da Lei de Diretrizes e Bases da Educação estabeleça que o ensino militar, mesmo admitindo que essa expressão contemple também os policiais militares, uma vez que a atuação se dá num contexto bem diferente, possua características peculiares, não é possível esboçar o entendimento de que os princípios e fundamentos da lei não são aplicados, no caso, à contratação de docentes civis e com mais discrepância ainda na contratação de docentes policiais militares. Além do que a disciplina Direitos

Humanos, estando classificada como matéria jurídica, não pode ser classificada como matéria profissional, na acepção técnica do termo, o que ensejaria tratamento diferenciado para a contratação do docente policial-militar.

A disciplina Direitos Humanos consta de currículos de várias instituições públicas civis, para não mencionar as privadas, de ensino superior. Para estas, a contratação de docente se dá por meio da realização de concurso de provas e títulos, logo igual condição deveria ser exigida aos candidatos a docente, civil e policial militar, para a mesma disciplina no Curso de Formação de Oficiais da Academia de Polícia Militar do Barro Branco.

Assim depreende-se que a peculiaridade na contratação de docentes militares se aplica às disciplinas existentes exclusivamente nas respectivas instituições militares como as que ensinam técnicas e táticas de emprego de policiais, instrução de tiro policial etc.

Conclui-se que a realização de concurso público para a contratação de docente civil em única fase baseada unicamente na avaliação de títulos nos termos da Portaria do Comandante Geral nº PM1-004/02/09 e a designação de docente policial militar, no caso para as disciplina Direitos Humanos, sem a exigência do título de mestrado ou doutorado e sem e realização de concurso fere as disposições da Lei de Diretrizes e Bases da Educação Nacional.

É importante ressaltar que a Diretriz Geral de Ensino da Polícia Militar do Estado de São Paulo atribui à Lei de Diretrizes e Bases da Educação o *status* de fonte e como tal deveria ser observada em todos os seus postulados, o que restou comprovado que não foi.

Da mesma maneira, ela faz menção a outras fontes correlatas; contudo, deixa de abordar importantes documentos internacionais e nacionais sobre direitos humanos como a legislação atinente às pessoas com deficiência e o estatuto do idoso, e no âmbito internacional várias convenções e tratados dos quais o Estado brasileiro é signatário e que estão devidamente incorporados à ordem constitucional. No tocante à carga horária atribuída à disciplina de Direitos Humanos, a situação é extremamente preocupante. A ela é destinada apenas 2,03%, ou seja, 90 horas aulas do total da carga horária destinada para as matérias curriculares para o currículo instituído em 2005 e apenas 2%, para as idênticas 90 horas/aula no currículo instituído em 2010. É impossível efetuar a abordagem adequada dos mais variados temas de direitos humanos em tão pouco espaço de tempo.

Em comparação com outras unidades federativas, verifica-se que é atribuída à disciplina de Direitos Humanos, no Curso de Formação de Oficiais, no Estado de São Paulo, carga horária maior do que o previsto, para o mesmo curso, em outras Polícias Militares. Na Polícia Militar do Estado de Santa Catarina, são destinadas 30 horas/aula, num total de 2790 horas/aula (1,07 %) (Vieira, 2011); na Brigada Militar do Estado do Rio Grande do Sul, são destinadas 30 horas/aula, num total de 1455 horas/aula (2,06 %) (Amaral, 2011) e na Polícia Militar do Estado do Paraná, são destinadas 30 horas/aula, num total de 4350 horas/aula (0,68 %) (Adão, 2011).

Embora a comparação acima demonstre uma posição de destaque à Polícia Militar do Estado de São Paulo, pode-se afirmar que, dada a reduzida carga horária, não há como preparar o policial militar adequadamente para a missão de proteger a sociedade com respeito às garantias individuais, à pluralidade, à diferença e à diversidade. Qual o entendimento que ele terá sobre a sociedade e todos os seus conflitos, como é possível prepará-lo para o uso adequado da autoridade de que é investido? Talvez isso explique a lacuna existente entre o ensino de direitos humanos e a dura realidade de violações desses mesmos direitos.

O ensino de direitos humanos da instituição também não observa o que é preconizado no Programa Nacional de Direitos Humanos e no Programa Estadual de Direitos Humanos.

Ambos estabelecem um vasto rol de atores sociais merecedores da atuação do Estado delineando ações a serem adotadas. Contudo, nos currículos da disciplina Direitos Humanos do Curso de Formação de Oficiais constam apenas matérias referentes às mulheres, crianças, adolescentes, negros e homossexuais. Não há menção aos indígenas, aos refugiados e imigrantes clandestinos, à questão de gênero de forma mais abrangente e não somente aos homossexuais, aos idosos, às pessoas com deficiência entre outros.

No tocante à formação dos profissionais da segurança pública, o primeiro estabelece que ela deve se desenvolver de maneira contínua e que seja compatível com as funções que exercem (Eixo Orientador IV), num processo multidimensional e que estimule o respeito às diferenças (Eixo Orientador V). Porém, os aludidos currículos não tratam de questões referentes à dignidade da pessoa humana, ao preconceito e à discriminação, e do exercício da autoridade, à universalidade e à indivisibilidade dos direitos humanos.

Fica evidente que, na educação em Direitos Humanos de seus futuros Oficiais, a Polícia Militar também não cumpre o que é preconizado tanto no Programa Nacional como no Programa Estadual de Direitos Humanos, estabelecendo uma imensa distância entre o que a sociedade deseja e o que é efetivamente realizado na formação daqueles que detêm o *múnus* público de protegê-la.

Ante todo o exposto verifica-se que a qualificação para o trabalho e o preparo para o exercício da cidadania, fins estes visados pela educação, não são contemplados pela educação em direitos humanos na Polícia Militar. Há, por isso, também, flagrante desrespeito ao texto constitucional, especificamente ao disposto no seu artigo 205.

CAPÍTULO 16
Preconceito e tortura

Descamps (1994) tece importantes considerações sobre como se opera, pelo grupo social, os mecanismos de aceitação ou de rejeição do indivíduo. Ele assinala que "etimologicamente a norma é o esquadro: aquilo que não pende nem para a direita nem para a esquerda. Mas depressa se passou deste significado ao valor do que deve ser (...)" (p. 379). Esse "deve ser" se traduz num padrão estabelecido pelo grupo, num modelo cultural, num ideal de conduta.

O autor estabelece importantes distinções entre anomalia e anormalidade. O termo normal nos remete à ideia de uniformidade, de igualdade e de conformidade. A anomalia, por sua vez, significa desigualdade e diferença. Para ele, "A anomalia designa, pois, um fato descritivo, ao passo que o anormal faz referência a um valor, a uma norma" (p. 380).

A anomalia tem um papel decisivo na sociedade, posto que nela existem diversas culturas, diferentes entre si. Ela se refere à descrição das diferenças e saber reconhecer e respeitar a alteridade que é essencial para a convivência humana posto que leva à superação, não no sentido de eliminação, das diferenças num processo contínuo de evolução. No presente estudo, entender o conceito de anomalia será de grande valia para que o preconceito não encontre terreno fértil para eclodir.

Verifica-se que a sociedade moderna não é capaz de trabalhar as diferenças, daí o estabelecimento de um perfil padrão, aceito pelo grupo e através do qual se convenciona o que é "normal" de acordo com um rótulo ou uma classificação e que exclui todo aquele que é diferente. A normalidade adaptativa, termo que significa uma situação ideal e que leva ao estabelecimento de uma norma ideal ocasionará um enrijecimento das relações pessoais e servirá de base para o preconceito.

Basaglia (1994) analisando o processo de exclusão/integração do homem na sociedade revela que, no mundo moderno, ela opera não somente com a eliminação física do outro, mas sim com:

a morte da contradição, num contínuo processo de manipulação, interiorização do domínio, exploração, como formas diversas de aniquilamento e de expropriação da personalidade do outro, e por conseguinte como formas diversas de morte (p. 323).

Para o autor, esse processo irá afetar:

> cada vez menos o corpo do homem, apontando, sobretudo a reduzir ou a remover a contradição por ele representada, para penetrar no indivíduo e fazê-lo interiorizar o domínio (...) este processo pode, pois, considerar-se, o fundamento do domínio do homem sobre o homem, e portanto o fundamento do poder (p. 324).

Analisando a evolução desse processo, verifica-se que, num primeiro momento a exclusão significa a eliminação física do outro. A morte é a tradução da eliminação da diferença. Aquele que sobrevive permanece:

> intacto, não violado, não contaminado (...), exclusão e integração são dois momentos do mesmo processo que se identificam, por que são produzidas pelo mesmo sujeito e são garantidas pela morte do assassinado, isto é, pelo desaparecimento da contradição representada pela existência do outro (p. 324).

Com o passar do tempo, a eliminação do outro adquire nova forma. Num determinado grupo social, aquele que discorda das normas vigentes é visto como inimigo, e como tal deve ser excluído. Para o autor:

> Exclusão/integração exprimem nesta fase o momento de maior unidade entre excludente e excluído, através da coesão do grupo e da sua identificação com o chefe. O servo não é o senhor (...) é a sua incapacidade de defender-se que o põe como morto nas mãos do senhor (p. 325).

Afinal quem é o inimigo? Ele é aquele que é inventado como "outro" (p. 326), como diferente e que é contrário aos interesses da comunidade. O senhor, titular do poder, assume o papel de tutor da sociedade, cada vez mais concentrando poderes em suas mãos a tal ponto que aqueles que eram úteis passam a não servir mais aos seus interesses, devendo ser descartados.

Aqui há a cisão entre servo e senhor e, nesse momento, o "processo de exclusão/integração explicita-se como instrumento do domínio que assumirá pouco a pouco diversas faces utilizando meios e técnicas diversas de apropriação do outro" (p. 326).

Sobre essa dominação, Candido (1979), no artigo "A Verdade da Repressão", traz reflexões interessantes sobre o papel da polícia no mundo contemporâneo.

Segundo ele, citando Fouché, a polícia se tornou um "instrumento preciso e opulento necessário para manter a ditadura de Napoleão". Mencionando Balzac, constatou que no mundo "burguês e constitucional sua função era disfarçar o arbítrio da vontade dos dirigentes por meio da simulação da verdade". Se a polícia num Estado absolutista era ostensiva e brutal, a de um "Estado constitucional tem de ser mais hermética e requintada". Utilizando-se de anonimato e da espionagem vai se infiltrando no seio da sociedade (p. 1).

Sua atuação é disfarçada e assume uma dupla organização. Uma parte dela é visível através da atuação ostensiva e uniformizada, a outra parte é secreta "com seu exército impressentido de espiões e alcaguetes, que em geral aparecem como exercendo ostensivamente uma outra atividade" (Candido, 1979, p. 1).

Sua atuação adquire contornos de aparência suaves, revestidas com o manto de legalidade, pois ela não deve ferir a sensibilidade daqueles que Antonio Cândido denominou de "bens postos na vida" (1978, p. 2). A polícia, nesse intento, faz da falta de transparência seu mote de atuação, e assim esconde dados sobre fatos ocorridos, escamoteando a realidade.

Acontece que, atuando dessa maneira, se estabelece uma confusão de papéis na ação de seus integrantes. Para o autor, desde que se estabeleceu "uma solidariedade orgânica entre ela (a polícia) e a sociedade, o poder dos seus setores ocultos e o aproveitamento do marginal, do degenerado, para o estabelecimento da ordem (...), há um momento onde o transgressor não se distingue do repressor, mesmo porque pode ter sido antes um transgressor" (p. 2).

Fazendo um recorte nos dias atuais vê-se, com clareza, a situação acima descrita acontecer com frequência. Um exemplo bem ilustrativo foi o episódio do envolvimento de policiais militares com transgressores da lei e, até mesmo, com integrantes da facção criminosa denominada Primeiro Comando da Capital (PCC), com o estabelecimento de uma rede de espionagem e delações, utilizando-se de métodos reprováveis como a tortura e o suborno. Também se pode citar a associação espúria entre policiais e traficantes estabelecendo uma rede de proteção e de corrupção; a formação de milícias, composta por policiais e que, sob o argumento de proteger determinada comunidade, a mantém refém e a oprime com o emprego sistemático da tortura e a prática das execuções sumárias extrajudiciais.

Prosseguindo em sua análise, Candido (1978) constata que:

> A polícia aparece então como um agente que viola a personalidade, roubando ao homem os precários recursos de equilíbrio de que usualmente dispõe: pudor, controle emocional, lealdade, discrição – dissolvidos com perícia ou brutalidade profissionais. Ela pode se utilizar no seu intento "de um ingrediente da mais alta eficácia: o medo – em todos os graus e modalidades (p. 3).

Uma vez que a classificação entre normal/anormal e a manifestação do processo de exclusão/integração demonstram, em comum, o desrespeito pela diferença, a morte da contradição, a ausência do pensamento crítico, a dominação e a inviabilidade da experiência, criam-se condições ideais para que o preconceito se manifeste com seus efeitos deletérios decorrentes.

CAPÍTULO 17
O preconceito

O preconceito é um fenômeno individual, de natureza psicológica. É também um fenômeno social, resultado do processo de socialização no qual o indivíduo se transforma e se forma como tal. Esse processo, segundo Crochik (2006), deve ser entendido no contexto da cultura em que o indivíduo se insere. É também um tipo de valor que se atribui a quem se constitui sua vítima.

Assim verifica-se que processo de formação do indivíduo se desenvolve em razão da adaptação dele "à luta pela sobrevivência" (Crochik, 2006, p. 11) ficando ele exposto a toda gama de conflitos.

Como resposta a esses conflitos, surge o preconceito, fenômeno de complexa definição.

Primeiro porque o indivíduo desenvolve preconceito em relação a diversos objetos, de características distintas entre si. Uma vez que os objetos são diversos, há que se observar que a atuação do indivíduo em relação a cada um deles é independente. Por exemplo, o que o leva a manifestar preconceito por homossexuais poderá ser bem distinto do preconceito manifestado por negros. Isso demonstra que:

> o preconceito diz mais respeito às necessidades do preconceituoso do que as características de seus objetos, pois cada um deles é imaginariamente dotado de aspectos distintos daquilo que eles são (p. 12).

Segundo porque mesmo que sua origem esteja mais no indivíduo que o manifesta do que no objeto, ele não está totalmente dissociado desse último. O conceito de preconceito apresenta elementos constantes uma vez que o indivíduo apresenta determinada postura frente a vários objetos, mas também possui elementos variáveis que refletem as "necessidades específicas do preconceituoso" (p. 12) em razão dos diferentes significados que ele atribui a cada objeto do preconceito.

Uma vez que o preconceito é um fenômeno individual e social, não é correto atribuir somente ao indivíduo a responsabilidade pela prática de determinado ato, excluindo dessa análise o ambiente onde ele convive e os valores professados pelo grupo a que pertence.

É comum, toda vez que algum policial militar pratica um ato que causa intensa reprovação social, como a prática de homicídio caracterizado como execução sumária extrajudicial, o Comando da Corporação alegar se tratar de um fato isolado e que diz respeito, portanto, única e exclusivamente à pessoa do policial que o praticou. Nada restando a fazer parar evitar a eclosão de fatos semelhantes.

O autor demonstra o contrário, pois para ele "as ideias do preconceito não surgem do nada, mas da própria cultura" (p. 12). O processo de socialização é influenciado pela própria cultura na qual o indivíduo está inserido. O autor destaca que o indivíduo sofre forte influência dela no seu processo de desenvolvimento podendo facilitá-lo ou dificultá-lo.

O indivíduo se confronta com a realidade externa e com todos os conflitos decorrentes. Ele poderá sofrer influxos mais marcantes na constituição de sua personalidade ou não. Tudo vai depender de como ele vai se relacionar com essa cultura existente na realidade externa.

Ele poderá se identificar a ela de tal forma que não irá se diferenciar dos demais, tornando um reprodutor de seus valores e de suas crenças. Nesse processo de assimilação, desaparece no indivíduo a capacidade do exercício da crítica que pudesse alterar a realidade existente.

De outro lado ele poderá, dadas suas características singulares, opor resistência a essa cultura.

Em ambos os casos, há espaço suficiente para o desenvolvimento de preconceitos. Primeiro porque uma vez totalmente assimilado pela cultura, é um mero reprodutor dos valores por ela produzidos. Admitindo-os como verdadeiros, não há o exercício da crítica capaz de provocar questionamentos na situação apresentada. Aqui os valores apresentados pelo grupo são assimilados e reproduzidos pelo indivíduo.

Mesmo quando esse indivíduo apresenta críticas à situação proposta, a manifestação do preconceito não está afastada, porque ele está numa posição fragilizada em relação ao grupo e diante disto poderá não ter estrutura para se opor e até mesmo para refletir sobre as representações e os significados que o grupo atribui aos objetos do preconceito.

Crochik (2006) ressalta o importante papel que a experiência e a reflexão em relação à cultura exercem na luta contra o preconceito, posto que ambas são vitais na constituição do indivíduo. A presença delas impedirá a eclosão do preconceito.

Contudo, o autor salienta que o preconceito se baseia na visão que o indivíduo tem do mundo. Se ele adota uma posição de onipotência e de superioridade em relação ao objeto, haverá base sólida para a manutenção do preconceito. Essa manifesta superioridade revela a impotência do indivíduo de lidar com a realidade. O agir sem reflexão perante alguém e em determinada situação caracteriza o preconceito, mas também demonstra a dificuldade que o indivíduo demonstra em lidar com a situação, preferindo ignorar o objeto, retirando-lhe qualquer significado bom, atribuindo-lhe um significado abjeto, rejeitando-o.

Essa rejeição poderá levar à conclusão de que o objeto não merece a devida atenção por ser de natureza inferior e poderá ocasionar a sua eliminação. Contudo essa "cegueira individual" (p. 14) só é causada porque encontra respaldo em si próprio, uma vez que o preconceito diz mais respeito à pessoa que o exerce do que contra quem é exercido. Nesse sentido, o autor salienta:

> quanto maior a debilidade de experimentar e de refletir, maior a necessidade de nos defendermos daqueles que nos causam estranheza. E isso ocorre – e nunca é demasiado repetir – porque o estranho é demasiado familiar (…) o medo frente ao desconhecido, ao diferente, é menos produto daquilo que não conhecemos do que daquilo que não queremos e não podemos reconhecer em nós mesmos através dos outros (p. 14).

O pior é que essa atitude pode ser fruto da educação que o indivíduo recebe. Se ele aprende que ser forte é ser insensível ao sofrimento alheio e que não lhe é concebido manifestar o mínimo sinal de fraqueza, ele é obrigado a ser duro consigo mesmo e será duro com os outros também.

Adorno (2006) alertou para os terríveis efeitos que a educação baseada na força e na disciplina rigorosa produzem nas pessoas. A respeito dos efeitos da educação centrada na severidade, ele diz:

> A ideia de que a virilidade consiste num grau máximo de capacidade de suportar dor que há muito se converteu em fachada de um masoquismo que (...) se identifica com o sadismo. O elogiado objetivo de "ser duro" de uma tal educação significa indiferença contra a dor em geral (...) Quem é severo consigo mesmo adquire o direito de ser severo também com os outros, vingando-se da dor cujas manifestações precisou ocultar e reprimir (p. 5).

Da mesma maneira se a educação visa à inculcação de valores no indivíduo sem que eles possam ser, por meio da reflexão, submetidos a uma análise crítica, poderá favorecer o desenvolvimento do preconceito.

O indivíduo não nasce preconceituoso. Ele assim se desenvolve a partir de estímulos dirigidos de fora para dentro e não de maneira imediata, num processo constante de assimilação. Para Crochik (2006):

> o que leva o indivíduo a desenvolver preconceitos, ou não, é a possibilidade de ter experiências e refletir sobre si mesmo e sobre os outros nas relações sociais, facilitadas ou dificultadas pelas diversas instâncias sociais, presentes no processo de socialização (p. 16).

Um indivíduo objeto de preconceito é visto como tal em razão de ideias concebidas. São formulados juízos de valor que o reduz a um significado originário do preconceito sendo, portanto, desconsideradas todas as suas peculiaridades. Ele é reduzido a um dado: ao termo que designa o preconceito. Por exemplo: todo infrator da lei representa um perigo para a sociedade e não deve ser tratado com dignidade no ato da prisão. Essa proposição poderá levar à adoção de uma série de medidas contra a pessoa presa que poderá levar à inobservância, por parte das autoridades, dos direitos e garantias individuais abrindo o caminho para a prática de todo tipo de violência. Sob o rótulo "infrator da lei", nada mais é considerado e tudo é permitido.

O autor alerta para a existência de estereótipos, ou seja, de atributos fixos que passam a (des)qualificar a pessoa. No período colonial do Brasil, o índio era tido como indolente e refratário ao trabalho. Esse estereótipo reforçou o preconceito do colonizador europeu e serviu como justificativa para a prática da tortura e da escravidão. Da mesma maneira, a ideia muito difundida de que "bandido bom é bandido morto" serve para acentuar o preconceito contra aqueles que são flagrados na prática de um delito e atua como argumento para que se tolere a prática de execuções sumárias extrajudiciais.

O estereótipo é proporcionado pela cultura, não se confunde com o preconceito, mas é um de seus elementos constitutivos.

Essa mesma cultura fornece aos indivíduos clichês que os levam a adotar posições de maneira rápida num processo de simples escolha entre o bom e o mau, o certo e o errado. Retira-se do indivíduo a possibilidade de reflexão diante do problema proposto e a possibilidade da experiência que ela suscita.

Com a prevalência do pensamento por clichês, o autor alerta que:

> o pensar estereotipado, que utilizamos por motivos diversos em diferentes esferas do cotidiano, não deixa de se caracterizar pela fixidez de procedimentos que são aplicados indistintamente a qualquer objeto e, assim, não deixa de contribuir para a formação do preconceito (Crochik, 2006, p. 21).

O pensamento por clichês, por meio do uso de estereótipos, leva à não consideração das peculiaridades da pessoa objeto do preconceito. Estabelece-se dessa forma um comportamento padrão para um padrão estabelecido de pessoas, simplificando, e até mesmo excluindo, a reflexão crítica. Um interessante exemplo é fornecido por Crochik (2006):

> O estereótipo do criminoso como um indivíduo de alta periculosidade, intratável, de mau caráter, auxilia na caracterização que o indivíduo "saudável" deve ter, para saber como agir quando se defrontar com o mesmo (...) Quanto mais distintos julgamos que somos dele, mais protegidos nos sentiremos dos impulsos hostis que nos pertencem (p. 22).

O uso de dicotomias do tipo saudável/não saudável, bom/mau, certo/errado proporcionadas pelos estereótipos, retira da questão uma análise crítica do que levou o indivíduo a praticar determinado delito. Elas evitam o questionamento das condições sociais em que vivemos e que contribuem para o crime. Visam assim à manutenção do *status quo*.

Verifica-se que os estereótipos "servem de justificativa para a dominação. Enquanto tal, naturalizam uma situação de opressão" (Crochik, 2006, p. 23).

A dominação para o autor, "só pode ser entendida dentro de uma situação de subjugação real ou imaginária" (p. 23). Na subjugação real se valida uma prática social, havendo aí o estabelecimento de cidadãos de primeira e de segunda classe (os moradores de determinados bairros, principalmente de periferia, os pertencentes à determinada classe social etc). A subjugação imaginária surge da necessidade de "julgar-se melhor do que os outros, compensando a fragilidade sentida, mas não admitida" (p. 23).

Por fim, o autor adverte:

> Numa cultura que privilegia a força (como é na Polícia Militar), o preconceito prepara a ação da exclusão do mais frágil por aqueles que não podem viver a sua própria fragilidade (p. 23).

Deve-se atentar para o paradoxo existente em relação ao preconceito. Como ele pode ser irracional, uma vez que poderá haver nos indivíduos uma predisposição para tal e o fato de sua manifestação nem sempre o ser, uma vez que pode ser expresso de forma racional, com o emprego de técnicas e de teorias que o justifica, como foi o nazismo, por exemplo?

A solução para tal impasse está na possibilidade de se experimentar sem ter necessidade de reprimir a experiência "pela ansiedade que ela acarreta" (p. 25), uma vez que manifestação de pensamento não pode ser confundida com a deturpação da realidade do objeto e, portanto deve ser permitida. A opressão estaria não na manifestação do preconceito, mas na proibição da liberdade de expressão do pensamento.

Ao longo dos tempos, o conceito de preconceito foi sofrendo alterações fruto das tensões refletidas. Na Idade Média devido ao conflito havido entre a razão e a experiência, de um lado, e a religião de outro, ele foi tido como adversário do conhecimento.

Há também que considerar a existência da luta que é travada, de maneira constante contra o desconhecido. O combate ao medo do desconhecido sempre produziu temores e incertezas. Estes se contrapunham ao movimento de esclarecimento considerando suas explicações fantasiosas e desconexas da realidade.

Montesquieu (2009) o define como aquilo que faz com que ignoremos a nós mesmos.

Para Bobbio (2002), o preconceito é:

> uma opinião ou um conjunto de opiniões, às vezes até mesmo uma doutrina completa, que é acolhida acrítica e passivamente pela tradição, pelo costume ou por uma autoridade de quem aceitamos as ordens sem discussão "acriticamente" e "passivamente"; na medida em que a aceitamos sem verificá-la, por inércia, respeito ou temor, e a aceitamos com tanta força que resiste a qualquer refutação racional; vale dizer, a qualquer refutação feita com base em argumentos racionais (p. 103).

A diferença entre o preconceito e a opinião errônea está na capacidade de mudança desta última, quando submetida a um novo conhecimento, abrindo espaço para que a reflexão crítica e o aprendizado com a experiência produzam resultados. No preconceito, mesmo havendo a submissão a um novo conhecimento, persiste-se na ideia e refuta-se a mudança. Bobbio (2002) esclarece que isso é possível por que à força do grupo soma-se a força das crenças que cada indivíduo possui sobre determinada situação, o que remete ao seguinte quadro:

> Por trás da força de convicção com que acreditamos naquilo que o preconceito nos faz acreditar está uma razão prática e, portanto, justamente em consequência desta razão prática, uma predisposição a acreditar na opinião que o preconceito transmite. Esta predisposição a acreditar também pode ser chamada de prevenção (p. 104).

Ackerman & Jahoda (1969) definem preconceito "como uma atitude de hostilidade nas relações interpessoais, dirigida contra um grupo inteiro ou contra indivíduos pertencentes a ele, e que preenche uma função irracional definida dentro da personalidade" (p. 26-7).

Para Kant (1992), os preconceitos são incutidos nos homens, retirando deles a capacidade de pensar por si próprios. O antídoto a isso está na valorização da experiência e da razão, pois com elas pode-se exercer o espírito crítico.

Numa organização fechada como é a Polícia Militar, com regras rígidas e que visam ao maior controle de tudo e de todos os seus integrantes, inibindo a manifestação do pensamento crítico de seus membros e toda sorte de questionamentos decorrentes, a consequência será a perda da autonomia destes.

Uma vez que as ações de seus integrantes dependem de um comando externo, onde a iniciativa lhes é reprimida, o resultado poderá ser a "constituição de indivíduos frágeis com uma insegurança constante, que suscita o preconceito para se afirmar uma identidade que não se possui" (p. 47).

Para Barros (2009), o preconceito é uma atitude negativa que "torna rígidos juízos e opiniões", que está relacionado à "ativação de mecanismos de defesa que impedem uma verdadeira experiência com o outro (...)" (p. 136).

O autor alerta que não deve haver confusão entre ideias generalizadas de maneira exagerada e preconceito. A primeira é passível de deixar de existir se a pessoa corrige o seu posicionamento em face de surgimento de uma nova realidade. No segundo caso, a pessoa resiste em mudar de opinião mesmo sendo exposta a um novo conhecimento.

Balestreri (2003) alerta para a necessária atenção que deve ser dispensada ao ego, ao supergego e ao mecanismo de defesa, especialmente como se estruturam e como se manifestam, visto que repercutem no dia a dia do policial militar. Para ele:

> Os temas psicológicos em questão são um bom mote para o alargamento do estudo da "questão dos preconceitos": de gênero (onde o masculino também deve ser revisitado e ressignificado), de etnia (...) (p. 74).

O preconceito apresenta três componentes: o afetivo, o cognitivo e o comportamental.

O componente afetivo para Barros (2009) "é o próprio preconceito enquanto atitude" (p. 138). Atitude esta negativa posto que desconsidera o objeto em sua essência.

O componente cognitivo diz respeito "às crenças e recebe o nome de estereótipo" (p. 138). O estereótipo é um termo que nos remete à ideia de forma e de molde sendo utilizado para agilizar e facilitar o nosso entendimento de mundo. Com o seu uso não é preciso despender muito tempo e energia para entender fenômenos com que deparamos.

Associa-se a isto o estabelecimento de soluções padrão, também denominadas "mecanismos de ativação automática" (p. 138), empregadas quando se depara com certas pessoas em determinadas situações.

Também se associa a ambas o mecanismo de rotulação. Por meio desse mecanismo se atribui um rótulo às pessoas e elas passam a ser vistas como tal, independente da condição em que se encontrem. Na atuação da Polícia Militar, esse fenômeno é muito comum, rotula-se alguém como suspeito pelo fato de pertencer à determinada classe social, de residir em determinada região e por possuir determinada cor de pele.

O autor adverte sobre o perigo no momento em que as pessoas objetos da ação estereotipada passem a aceitar tal rótulo. Isso vai depender da intensidade de força a que elas são expostas, uma vez que a exposição à repetição constante acaba por minar a consciência crítica da pessoa. Por fim, salienta a "necessidade da crítica e da autorreflexão constantes" (p. 139), pois com elas é possível exercitar o pensamento crítico com a consequente não aceitação automática de *standards* estabelecidos pelo grupo.

O componente comportamental diz respeito à discriminação. Ela pode ser mais nociva que o estereótipo e apresenta cinco níveis:

1) **Falar mal**, o que se dá entre pessoas mais próximas;

2) **Evitação**, na qual o preconceituoso não causa um mal direto ao alvo do preconceito, esforça-se em se retirar de tais situações;

3) **Discriminação**, corresponde à exclusão de (...) direitos políticos;

4) **Ataque físico**, compreende desde o despejo forçado à de predação de lápides, além do significado anunciado; e

5) **Extermínio**: linchamento, *pogrom,* massacres e genocídio (p. 140-141).

Para Bobbio (2002), a discriminação "significa qualquer coisa a mais do que diferença ou distinção, pois é sempre usada com uma conotação pejorativa". É, pois, "uma diferenciação injusta ou ilegítima" (p. 107).

Segundo ele, a discriminação desenvolve-se em três fases. Na primeira fase, ela se funda em um mero juízo de fato, de cunho descritivo. Na segunda fase, a essa distinção de fato adiciona-se um componente valorativo, ou seja, estabelece-se que devido à diferença constatada, um grupo é superior a outro. Na terceira fase, em razão dessa superioridade constatada, sustenta-se que uma deve dominar outra, o que pode resultar na eliminação dessa última.

Bobbio (2002) chama atenção para as condições necessárias ao surgimento e ao fortalecimento da discriminação. Ele se refere à força da tradição presente no grupo ou à força de uma autoridade reconhecida por seus membros que retira do indivíduo a autonomia da vontade pela ausência da reflexão crítica.

Analisando os mecanismos do preconceito, Barros (2009) esclarece que ele resulta do acionamento, pelo indivíduo, de mecanismos de defesa, uma vez que se vê incapaz de lidar com a situação com que se depara encarando-a como uma ameaça. Nesse contexto, ele canaliza suas frustrações, decepções e tensões advindas do ambiente onde convive para o objeto do preconceito, descarregando toda sua agressividade tornando-o seu "bode expiatório" (p. 141).

Além do componente individual acima mencionado, o autor salienta a importância do processo de socialização na formação do preconceito. O indivíduo, buscando ser aceito pelo grupo, cede à pressão, assimila as mesmas posturas e passa a reproduzir os comportamentos que os membros do grupo possuem. Nota-se aqui que não há espaço para a reflexão e para a análise crítica dos acontecimentos, o que poderia impedir a eclosão do preconceito.

CAPÍTULO 18
A tortura

A tortura é definida por Beccaria (1983) como "suplícios secretos que a tirania utiliza na obscuridade das prisões e que são reservados tanto ao inocente como ao culpado" (p. 32). Contudo a efetividade desse meio insidioso é falha posto que, ao impor suplícios à pessoa, na verdade haverá a confissão do delito conforme a maior ou menor capacidade de resistência à dor.

Assim poderá se condenar um inocente que não conseguiu resistir aos suplícios impingidos, confessando a prática de algo que não fez somente com o intuito de fazer cessar as agressões; bem como poderá inocentar um culpado que conseguiu resistir à dor e não confessou a prática do delito.

A busca da verdade é então condicionada à capacidade de resistência física da pessoa, pois:

> A tortura é, frequentemente, um meio certo de condenar o inocente débil e absolver o criminoso forte. É esse, comumente, o resultado terrível dessa barbárie que se considera capaz de produzir a verdade, desse costume próprio de canibais (...) (p. 33).

Na tortura, o inocente é posto em situação pior que a do culpado, pois além de sofrer os suplícios a que será submetido, uma vez condenado sofrerá os efeitos da perda da liberdade, sendo confinado a um cárcere. Ele sofrerá, portanto, um duplo castigo por algo que não fez. Já o culpado está numa situação melhor, pois se conseguir resistir à dor e não confessar poderá ser absolvido por algo que cometeu. Conforme enfatiza Beccaria (1983), "o inocente tem tudo a perder, o culpado apenas pode ganhar" (p. 34).

Fazendo um recorte da realidade da época, o autor chama a atenção para o fato de que nem as leis militares autorizam a tortura, e para o autor "se esta pudesse existir (...), indubitavelmente seria nos exércitos, formados, na maioria, pela escória das nações" (p. 37). Ou seja, mesmo numa organização cujos componentes tem propensão para a prática de tal ato, ela não é admitida o que reforça ainda mais o seu caráter vil e abjeto.

Por fim, ele a caracteriza como barbárie, posto que ninguém pode ser declarado culpado antes da sentença proferida por juiz competente, enfatizando que, a esse juiz e somente a ele, repousa o direito de sentenciar um cidadão a uma pena quando ainda pairam dúvidas sobre sua inocência ou culpa.

Pinheiro (2010) associa a prática da tortura a dois fenômenos, infelizmente bem presentes em nossa sociedade: a impunidade dos agentes responsáveis pela prática e "as posições demagógicas de representantes políticos que defendem o tratamento sub-humano como elemento indispensável das políticas de segurança" (p. 6).

Para Carrol (1984), a tortura, como foi exposto anteriormente, não é motivada apenas pelo sadismo de seus agentes, embora muitos deles tenham esse comportamento. Ela é fruto de uma política de Estado que visa a reprimir os dissidentes e possui como fundamento teórico o isolamento, a humilhação, a pressão psicológica e a dor física como meios hábeis para obter a informação da pessoa submetida, com objetivo de obter a confissão da prática de determinado delito, a delação dos companheiros da prática delitiva, a prisão de outras pessoas etc.

A tortura é, muitas vezes, parte integrante da política de segurança de governos, que não estimula diretamente sua prática, mas tolera sua ocorrência dificultando ou impedindo qualquer investigação. Há também casos em que ela é praticada à revelia do governo, contudo este não está isento de culpa se não se esforça em investigar qualquer denúncia.

Atualmente, um bom exemplo de transparência e vontade na apuração foi fornecido pelo governo inglês. Diante do recebimento de denúncia da submissão à tortura, culminando com a morte de um iraquiano preso por soldados britânicos em Bagdá, foi instaurada uma investigação independente que resultou na confirmação dos fatos e na punição dos agentes responsáveis (Uol News, 2011). Deve-se ressaltar, de maneira positiva, a realização de uma investigação independente o que contribuiu para a elucidação dos fatos.

Infelizmente, o autor demonstra que sua prática, desde há muito tempo, tem sido amplamente utilizada quer para intimidação de pessoas com o intuito de fazê-las desistir de determinada atividade política; quer para manter populações de uma determinada região sob controle, como os trabalhadores do campo, minando qualquer capacidade de organização e de reinvidicação de seus direitos ou para calar a voz dos opositores e críticos de determinado governo.

Muitas vezes, ela foi praticada sob a presença do público com a finalidade de intimidar os demais membros de determinada comunidade, mas também pode ser praticada em segredo, com o intuito de encobertar tais atos e não angariar a antipatia da população, perpetuando a impunidade.

Aprofundando a análise, o autor ressalta que a tortura é uma agressão deliberada contra a mente, o corpo e a dignidade humana. Traduz-se em degradação, de toda natureza, além de humilhação para a vítima e toda sua família. Para Béo, Sales & Almeida (2008), a tortura é definida como violência à integridade psicofísica da pessoa.

Por esse motivo, não há como aceitar sua prática rotineira, por mais que saiba que ela é praticada e que nenhum esforço é realizado no sentido de erradicá-la.

Essencial para a tortura é o sentimento de que o torturador tem o controle de tudo, inclusive da vida alheia. Esses superpoderes, quando aplicados, devido à extrema tensão e à intensidade da dor a que a vítima é submetida, acabam por minar sua resistência, produzindo confusão mental e levando ao desespero, o que poderá induzi-la a assumir aquilo que não fez e, até mesmo, resultar em sua morte.

A frieza na ação do torturador faz com que ele não se identifique com suas vítimas e que permaneça insensível à "contínua eliminação da dignidade humana" (p. 45), fazendo com que ele não se sinta responsável pela situação com que se depara. Opera-se, com a negação do outro, a não reflexão de que, um dia, ele, algoz, poderá estar na condição de excluído (Crochik, 2006).

Sartre (1961), explicando o tratamento dispensado pelos franceses aos insurgentes argelinos, demonstra os efeitos que a violência, inclusive a tortura, causa a ambos os lados, agressor e agredido. Ele se refere à prática de monstruosidades contra os habitantes da colônia, pessoas descontentes com a situação e almejavam a liberdade do país. Utilizam métodos racistas com o intuito demantê-los alienados, visando a ampliar a exploração a que eram submetidos.

Ele relata o uso disseminado da força bruta com o objetivo de calar a resistência e adverte que tal expediente não atingirá seu intento, pois com certeza não conseguirá detê-la, mas somente postergar o êxito do movimento. Aos nativos, ante a força bruta, cabia resistir e lutar pela emancipação ou calar e permanecer na condição de servos.

Sartre demonstra, de maneira inequívoca, com esse exemplo, que o uso da violência, em suas mais variadas formas, nunca foi um eficaz meio de solução de conflitos. Seu uso gerou mais insegurança e instabilidade. O aparente êxito é efêmero, posto que o ódio e o rancor resultantes geram uma força contrária de igual intensidade contra aqueles que praticaram atos de violência.

A violência desumaniza, instala o medo e a vergonha, esfacelando a pessoa e a tornando um animal. O autor alerta para o efeito pedagógico devastador que isso acarreta nas vítimas da violência, pois elas aprendem que, somente por esse meio, pode-se alcançar um objetivo, perpetuando sua prática.

Os sentimentos resultantes desse processo exaltam o ânimo das pessoas objetos de tal violência e esse sentimento represado poderá desencadear mais violência, voltada aos reais agressores, se for possível identificá-los, ou se voltará contra os membros da própria comunidade, numa espiral devastadora.

Diante da dor sofrida, a eliminação do outro assume posição de destaque. A barbárie e o desespero se instalam. As pessoas passam a ter certeza da morte nas condições de vida desfavoráveis.

Qualquer semelhança com a realidade dos grandes centros urbanos não é mera coincidência. Os agentes do Estado, ao praticarem atos de violência contra populações carentes e perpetuar a tortura como forma supostamente eficaz de apuração de delitos, disseminam o ódio e a vingança.

Para Benevides (2010), a tortura é uma "herança maldita" (p. 21) dos colonizadores portugueses inspirados na Inquisição. Perpassou por toda a história do país, desde o período colonial até a república. É também "crime contra a humanidade" (p. 23), cuja vedação está expressa na Declaração Universal dos Direitos Humanos.

Ela foi muito utilizada na ditadura, situação que persiste, infelizmente, com a redemocratização do país e com a atual constituição. A autora assinala que:

> o tema provoca aversão e indignação militante e propositiva por um lado, por outro também desvela um certo silêncio, mesclado de medo ou desconforto, quando não explicita tolerância, além da omissão criminosa de certas autoridades (Benevides, 2010, p. 21).

Benevides adverte que não se deve mais aceitar a ideia de que o povo brasileiro é cordial e pacífico. Esse discurso é falso e atende a interesses nefastos, pois não há mais como duvidar que em nossa sociedade há espaço suficiente para a manifestação do preconceito, da violência e da tortura.

A tortura é fruto do preconceito, mas também o alimenta. Torturados são os despossuídos, os que não pertencem às altas camadas sociais. São, para utilizar o jargão policial, os ditos indivíduos suspeitos, são os que vivem à margem da sociedade, pois lhes são negadas quaisquer possibilidades de inclusão social.

Eles são associados:

> ao banditismo e à violência; porque esta é uma maneira de circunscrever a violência, que existe em toda sociedade, apenas aos "desclassificados" que mereceriam todo o rigor da polícia, da suspeita

permanente, da indiferença diante de seus legítimos anseios (Benevides, 2010, p. 29).

A tortura foi institucionalizada sob os auspícios da doutrina de segurança nacional no Brasil durante o período da ditadura militar e, isso ocorreu, com o pretexto de que era necessária para a obtenção de informações que levassem ao sucesso da guerra contra o terrorismo. Foi, portanto, empregada como técnica de combate (Barbosa, 2010). O autor assim define a tortura:

> é um crime hediondo, não é ato político nem contingência histórica e afeta toda a humanidade, na medida em que a condição humana é violentada na pessoa submetida a esse crime. Quando alguém é torturado, somos todos atingidos duplamente: em nossa humanidade e em nossa cidadania (p. 47).

Infelizmente não ocorreu, com o fim de regime militar, idêntico fim da doutrina que lhe embasou. Ela continua presente em nossa sociedade, permeando todas as instâncias do poder, agora com o nome de política de segurança urbana, de tal forma que temos a geografia do crime. Com ela:

> o perfil do inimigo interno passa a ser definido segundo critérios geográficos e sociais, em uma retórica de guerra contra o crime. Dessa maneira, as políticas de segurança "pública", que mantêm os mesmos moldes de ação repressiva da ditadura militar contra certos segmentos, têm obtido apoio de outro considerável segmento da sociedade (...), criando condições para a criação de territórios de exceção nos quais seus habitantes aumentam cada vez mais o contingente dos desprovidos de cidadania (...) (Mourão, 2010, p. 215-6).

Do ponto de vista jurídico, a análise de Comparato (2010) é primordial. Apesar de ser expressamente condenada em 1948, por ocasião da Declaração Universal dos Direitos Humanos, a definição jurídica da tortura só ocorreu no final do século XX, quando da aprovação, em 1984, pela Assembleia Geral das Nações Unidas, da Convenção Internacional contra a Tortura e Outras Penas ou Tratamentos Cruéis, Desumanos e Degradantes que constou no artigo 1º sua definição, a saber:

> Para fins da presente Convenção, o termo tortura designa qualquer ato pelo qual dores ou sofrimentos agudos, físicos ou mentais, são infligidos intencionalmente a uma pessoa a fim de obter, dela ou de uma terceira pessoa, informações ou confissões; de castigá-la por ato que ela ou uma terceira pessoa tenha cometido, ou seja, suspeita de ter cometido; de intimidar ou coagir esta pessoa ou outras pessoas; ou por qualquer motivo baseado em discriminação de qualquer natureza, quando tais dores ou sofrimentos são infligidos por um funcionário público ou outra pessoa no exercício de função pública, ou por sua instigação, ou com o seu consentimento.

O Pacto Internacional de Direitos Civis e Políticos, aprovado em 1966, considerou tortura a "submissão de alguém, sem o seu consentimento, a experimentação médico-científicas" (Comparato, 2010, p. 82).

Com a criação do Tribunal Penal Internacional em 1998, a tortura, por força do disposto do artigo 7º do respectivo Estatuto, passou a ser considerada crime contra a humanidade.

Do exposto, conclui-se que:

> Desse conjunto normativo, podemos extrair um conceito de crime conta a humanidade como o ato delituoso em que à vítima é negada a condição de ser humano. Nesse sentido, como efeito, indiretamente ofendida pelo crime é toda a humanidade (Comparato, 2010, p. 85).

Em âmbito nacional, a tortura é considerada crime inafiançável e insuscetível de graça ou anistia, de acordo com o estabelecido no artigo 5º, inciso XLIII da Constituição Federal.

Sobre os efeitos da tortura é importante destacar que ela não afeta somente o indivíduo que a sofreu diretamente, mas também todos aqueles com quem ele mantinha relacionamento próximo, como os cônjuges, os pais e os familiares (Kolker, 2010).

A autora, analisando os sintomas de seus pacientes, familiares de presos políticos torturados ou de pessoas desaparecidas na ditadura militar, relata a existência de traumas psíquicos, decorrentes não só dos atos praticados pelos agentes do Estado, situação paradoxal, uma vez que estes eram incumbidos de lhes dar proteção, mas também ao silêncio imposto à prática da tortura pelas autoridades e que, compartilhado pela sociedade, ocasiona a sua negação e a consequente impunidade de seus autores.

Para a autora:

> Nos casos de violência política praticada por agente do Estado, o destino do trauma depende tanto dos recursos pessoais e da sustentação da rede de quem o viveu, como também da forma com que o Estado e a sociedade respondem ao acontecido. Se o Estado e a sociedade silenciam e a tortura é legitimada; se a percepção da violência e do dano é desmentida, esta continua sem inscrição social e passa a ser vivida como algo próprio. (...) (ela) cristaliza-se e fica imune à passagem do tempo, sendo transmitida em estado bruto para as gerações seguintes (Kolker, 2010, p. 184).

Os traumas psíquicos observados são: depressão, síndrome do pânico, assunção de condutas de risco e uso de drogas, manifestação do sentimento de vítima das escolhas feitas pelos pais ou, em sentido inverso, do sentimento de herói (Kolker, 2010). Enfim vivenciam como se fossem suas as experiências de seus pais. Vivem a vida do outro.

Como resultado dessas experiências, os filhos das vítimas da violência:

> herdaram dores, culpas, medos, mandatos e pactos de silêncio (...) parecem aprisionados por um já vivido (muitas vezes por um outro) e que tem em comum a dificuldade de se sentirem fazendo parte de um coletivo e de criar vida e obra próprias (Kolker, 2010, p. 187).

Para Endo (2006), transfere-se para o torturado todo o peso e a responsabilidade resultantes. O autor assinala que:

> a tortura se reinstala no corpo do torturado, como um grito silencioso que não pode mais ser escutado. Assim a experiência traumática adquire uma outra virulência: a do desconhecimento e da invisibilidade. Ela passa a operar como um defeito, uma deficiência, uma idiossincrasia negativa impossível de esquecer, mas que se procura, paradoxalmente e com esforço, apagar, ocultar, colocar longe dos próprios olhos e dos olhos alheios e assim misturá-la entre as experiências desagradáveis do cotidiano (Endo, 2006, p. 1).

Romper com essa cadeia de silêncio e de omissão é tarefa urgente e necessária para a eficaz reparação dos danos causados pelos agentes do Estado e para, principalmente, aniquilar as estruturas, até então intactas, que permitem a perpetuação de tais práticas através de gerações.

CAPÍTULO 19
Super-homens

Eles são pessoas idealistas. São bons trabalhadores, são dedicados ao serviço e querem o bem da sociedade. Seu maior desejo é servi-la, dar-lhe proteção e afastá-la do perigo. Aparentemente são pessoas iguais às outras. Têm família, pai, mãe, esposa e filhos. São dotadas de um estrito senso de honra que deve ser observado, com rigor, em todos os momentos. Na Polícia Militar são respeitados. Muitos são tidos como bons exemplos. São condecorados e recebem tratamento diferenciado. São reverenciados.

Como todo super-herói que conhecemos, eles apresentam contradições, desilusões e, frente a uma realidade que desconheciam e com a qual não sabem lidar adequadamente, como será demonstrado em seguida, desenvolvem um código de conduta próprio. Não acreditam mais nas instituições, se veem em constante guerra com os denominados agressores da sociedade. Cada dia de serviço é um dia de batalha.

Diante desse quadro, eles avocam para si poderes que outras pessoas não possuem. A partir de um dado momento, movidos pelo sentimento de revolta com a situação deparada, eles personificam todos os órgãos do Estado responsáveis pela aplicação da Justiça. Como heróis anônimos, buscam fazer justiça com suas próprias mãos de acordo com critérios por eles estabelecidos.

Eles assumem, num só corpo, as atribuições conferidas aos juízes, promotores de justiça e advogados. As audiências de julgamento e a sentença de morte são instantâneas.

Eles estão numa guerra e, nesse contexto, instala-se a lógica da eliminação do inimigo no campo de batalha. Confundem justiça com vingança e esse sentimento norteia suas ações.

Numa interessante análise sobre a atuação desses homicidas, Romano (2006) assinala que a vingança:

adquiriu forma absoluta, corporificou-se em tipos sublimes como em "Os Bandidos" de Schiller (...) e numa pletora de heróis ambivalentes, assassinos do bem, emprestados de Hollywood e reinventados pelos que ajudaram a formar a consciência das massas no século XX (...) (p. 233).

A vingança assume o lugar da justiça, eles impõem "a poder do fogo a justiça perfeita" (p. 234). Eles são heróis solitários, não confiam em ninguém, além deles mesmos, "na sua solitária subjetividade, descartando qualquer melhoria coletiva no convívio" (p. 234). Não há mais Estado e nem possibilidade de recuperação daqueles que engendraram pelo caminho do crime.

Para Romano (2006):

> se os assassinos são reduzidos ao nível de feras por cidadãos "normais", membros da corporação policial (...), não existe retorno na marcha da selvageria, pois aqueles jovens não têm a chave do edifício social. Eles são jogados na terra desolada onde impera a morte, apenas a morte (p. 236).

Ao final, reproduzindo o mesmo quadro que os levou a agir dessa maneira, eles assumem o papel dos delinquentes que combatem e atuam com a mesma impunidade que, um dia, lhes causou revolta.

Manso (2005) desvenda essa cruel realidade. Por muito tempo ele coletou, por meio de entrevistas, relatos fornecidos pelos próprios homicidas, policiais militares ou não. Ele constatou uma inversão de valores, pois, notadamente nos bairros com maior índice de violência e que, geralmente, são localizados na periferia da cidade de São Paulo:

> homens que acreditam estar acima da lei apuram, julgam e executam sentenças de morte (...). Enxergam suas vítimas "culpadas da própria morte" e a si próprios como "super-heróis vingadores", que não matam inocentes, mas sim pessoas que mereciam morrer (p. 220).

Especificamente sobre os policiais militares, sua constatação é assaz preocupante:

> No outro lado da guerra, aparecem os policiais, que deveriam estancar a sangria na batalha, (...). Com o mesmo ódio e menosprezo que sentem os homicidas (...), os policiais, que trabalham diariamente com o medo permanente de não voltar para suas casas e suas famílias, julgam e executam sentenças de morte, numa tentativa de limpar o mundo e ao mesmo tempo aplacar seu ódio pelos marginais. A farda, no caso dos policiais, acaba legitimando a ação, e esta mentalidade de extermínio chega a receber apoio explícito das autoridades, (...) que aceitam a versão dos policiais que matam, como se os crimes cometidos por eles fossem sempre casos de legítima defesa.
>
> (...)
>
> A tolerância que temos com os homicídios permite o surgimento de super-homens, que julgam a partir de seus próprios critérios e que ficam mais doentes a cada assassinato que praticam (...) (p. 220-1).

Buscando demonstrar essa triste realidade, nos seguintes capítulos serão apresentadas quatro histórias, consubstanciadas em quatro relatos de policiais militares que praticaram homicídios, caracterizados como execuções sumárias extrajudiciais. Duas delas foram obtidas mediante entrevistas concedidas ao autor do presente trabalho. Outros dois relatos foram extraídos do livro *O Homem X* (Manso, 2005). Também serão apresentadas estatísticas que, infelizmente, fornecem a triste dimensão desse quadro. Em todos os casos, a verdadeira identidade dos policiais foi omitida.

CAPÍTULO 20
Steve

Foi muito difícil encontrar uma denominação para esse ex-policial militar. Após muita reflexão e acatando sugestão dada por ele, foi-lhe atribuído o nome de Steve. Essa é a denominação, dada pelos próprios policiais militares àqueles que trabalham no policiamento ostensivo e que fazem o serviço "de rua".

A entrevista ocorreu numa manhã na cidade de São Paulo, no mês de agosto de 2011, no seu local de trabalho e teve a duração de três horas. Hoje, visivelmente arrependido e plenamente consciente dos erros cometidos, a preocupação maior desse ex-policial militar é evitar que outros policiais militares sigam o mesmo caminho por ele percorrido. Assim transcorreu a entrevista:

1. Por que ingressou na Polícia Militar?

Sou de origem de família nordestina. A honra era mais importante que qualquer outra coisa. Na hora do jantar todos se reuniam. Meu pai, policial militar aposentado, contava histórias da época em que estava no serviço ativo e sempre falava que os Oficiais eram homens importantes, com muita autoridade. O que eles mandavam fazer era feito.

Ao completar dezoito anos de idade, e uma vez que estava terminando o ensino de segundo grau, comecei a me preocupar sobre o meu futuro e sobre a escolha de uma profissão. Foi aí que recordei o que meu pai sempre comentava sobre a autoridade exercida pelos policiais militares. Inscrevi-me e, no primeiro concurso, fui aprovado e iniciei o curso de formação.

2. O que aconteceu depois?

Concluí o curso com êxito. No dia da formatura, sentia uma imensa felicidade, pois havia realizado um sonho.

Fui designado para trabalhar numa Unidade da Polícia Militar situada na periferia da cidade de São Paulo.

Comecei a ver uma realidade que não conhecia, favelas, meninas estupradas, pessoas pobres vítimas de roubo, o que causou revolta. Cada vez mais fiquei revoltado com o contexto do qual estava tomando conhecimento naquele momento, na área onde trabalhava.

3. Como era o serviço?

Movido pela revolta com a situação com que me deparei, comecei a trabalhar além do horário normal. Trabalhava muito além das oito horas diárias. Só depois que tudo aconteceu, percebi que era um erro e que meu comandante deveria ter-me impedido de continuar nessa rotina. Infelizmente meu comandante foi omisso.

Comecei a prender todo mundo. Daí percebi uma outra realidade que também não conhecia. Muitas pessoas presas por mim e conduzidas ao Distrito Policial eram soltas.

Numa ocasião, prendi duas pessoas em flagrante delito, por terem praticado roubo a um supermercado. Isso aconteceu pela manhã.

A ocorrência foi apresentada no Distrito Policial, mas na mesma data, à noite, me deparei com essas duas pessoas livres, andando normalmente pelas ruas de um bairro. Estranhando a situação, realizei a abordagem em ambos, quando um deles disse que tudo estava certo e que a quantia em dinheiro destinada a mim estava com o delegado de polícia na respectiva Delegacia, uma vez que houve um acordo para liberação deles.

Nesse momento, percebi que a corrupção existente nos Distritos Policiais da área onde trabalhava gerava a impunidade dos delinquentes.

4. O que aconteceu em seguida?

Em seguida, passei a frequentar velórios de policiais militares mortos em serviço. Certa vez, uma situação ocorrida num velório causou-me revolta. Foi quando houve a condecoração e a promoção, por ato de bravura, de um cabo morto em serviço.

Para mim não havia sentido algum prestar homenagens e honrarias a alguém morto, isso deveria ser feito em vida. A partir desse exato momento tomei o lugar de Deus. O que significava que avoquei a condição de juiz supremo para mim. Eu é quem decidiria quem deveria morrer.

Eu era juiz, promotor e advogado. Levava a vítima para um matagal, concedia-lhe um minuto para oração e a sentenciava à morte.

5. Por que matava?

Primeiro porque me sentia investido de autoridade para tal, no sentido de que podia fazer de tudo. Segundo, devido à impunidade. Eu prendia as pessoas que, uma vez conduzidas ao Distrito Policial, eram soltas. Muitas vezes mediante ao pagamento de propinas aos membros da Polícia Civil. Terceiro, a revolta e o ódio que sentia pela situação com que me deparava no dia a dia do meu serviço e que não conhecia até então (extrema pobreza, violência de todo tipo, miséria etc). Quarto, a revolta com a morte de Policiais Militares, como se fosse alguém da minha família. Revolta, inclusive, com a própria instituição que dava valor ao policial somente naquele momento.

6. O que ocorreu desde então?

Matar alguém se tornou um vício. Contudo, não percebi que, com o tempo, o que enxergava de errado no outro não enxergava em mim mesmo. Não enxergava a impunidade em mim mesmo, diante dos atos que praticava.

Acabei sendo preso pela prática de homicídio.

7. Como foi esse fato?

Fui preso, acusado e condenado pela prática de homicídio a tiros e facadas. O fato ocorreu num matagal e os corpos foram lá deixados sem serem enterrados, para serem localizados.

No auge da prática do ato, senti que estava cheio de ódio e acabei descarregando tudo sobre o corpo da vítima. Tinha um sentimento de ódio generalizado, de tudo.

8. Qual foi sua pena?

Fui condenado a bem mais de vinte anos de reclusão.

9. O que sentiu na prisão?

Fui preso durante as investigações no antigo Serviço Reservado da Polícia Militar, atual Corregedoria, sendo mantido numa sela fechada, vestindo somente roupas íntimas. O colchão sujo de urina e fezes. A alimentação era resto de comida de outras pessoas. Sofri tortura psicológica.

Como não me alimentava, fiquei doente. Conduziram-me ao Hospital da Polícia Militar, onde permaneci internado no Setor de Psiquiatria, na época denominado Primeira Enfermaria. Lá me trataram como uma pessoa com distúrbio mental e prescreveram medicação indicada para tal quadro, o que me dopou.

Lá presenciei uma pessoa internada sendo brutalmente espancada pelos enfermeiros da repartição. O motivo? O paciente era Oficial e os enfermeiros eram praças. No dia seguinte, foi dada a versão de que o paciente apresentou um surto psicótico durante a noite, tendo apresentado um comportamento violento e se autolesionado, até ser contido, inclusive, com o uso de medicação pesada para tal.

Quando fui recolhido ao Presídio Militar, logo no primeiro momento na cela senti que não era aquele super-homem que podia fazer de tudo. Percebi que era prisioneiro dos meus próprios desejos e da minha própria consciência e que, logo de pronto, mesmo possuindo graduação em cursos de nível superior, realizados fora da corporação, a partir daquele momento, passaria a efetuar faxina nos banheiros do presídio. Daí tive consciência de que havia tido muitas oportunidades, mas que as havia desperdiçado.

A sensação é de que o mundo acabou e que não havia mais razão para existir. Queria me fazer de forte perante os outros, principalmente durante as visitas.

Também senti ódio porque muitos policiais militares, companheiros de serviço na Unidade em que trabalhava, visitavam-me, não por solidariedade e para prestar apoio, mas sim para saber se eu os havia delatado em virtude de outras ocorrências. Senti-me, nesse momento, abandonado, e que os referidos policiais militares não estavam preocupados comigo e nem com minha família.

Fui condenado no primeiro julgamento e pude aguardar novo julgamento em liberdade. Nesse período, trabalhei no serviço administrativo da Polícia Militar. Aí percebi a existência de uma outra realidade na corporação. Lá as pessoas trabalhavam tranquilas, havia horário para a realização de atividades físicas e recreativas duas vezes por semana. Era uma outra Polícia, diferente da que conhecera até então.

10. Quais foram as consequências do erro cometido?

A primeira foi o sofrimento da família. Muitos de meus familiares ficaram doentes física e psicologicamente. A segunda, a perda da função, uma vez que fui expulso da Polícia Militar. Um sonho que se despedaçou. A terceira, a discriminação que minha esposa e meus filhos passaram a sofrer. A quarta, o sofrimento pela ausência do pai e do marido, no seio da família, em datas específicas (natal, aniversários, formatura de escola etc.). A quinta foi que minha esposa tentou suicídio. A sexta, a cobrança da família por ter me abandonado. A sétima, a sensação de abandono e de rejeição que senti.

11. Na sua percepção, porque um policial militar pratica homicídio?

Primeiro por ser uma questão cultural, baseada na questão de honra herdada da família, por exemplo.

A isso se adiciona o ambiente em que o policial militar trabalha, favorecendo o sentimento de se perceber como um super-herói e, em razão disso, tudo pode fazer e nada vai acontecer.

12. **No seu ponto de vista, há a possibilidade de ser realizado um trabalho preventivo?**

Sim. Primeiro a realização de acompanhamento psicológico. Não só em ocorrências graves, como é realizado atualmente, mas sim no dia a dia do policial militar.

Baseado em minha própria experiência, não sentia mais compaixão, não chorava mais. Nada mais me abalava. Perdi o sentimento. Eu mesmo constatei que a pessoa endurece aos poucos e não percebe. Daí a necessidade de acompanhamento psicológico constante, dada a característica do trabalho policial-militar. Mesmo que ele não solicite, pois pode estar afetado psicologicamente e não perceber tal condição.

Segundo, os Comandantes de Unidade precisam estar realmente presentes e preocupados com o serviço e prestar atenção ao comportamento adotado pelos policiais subordinados. No meu caso, os comandantes foram omissos, quando não estimulavam o comportamento nocivo através da concessão de condecorações e de honrarias.

Terceiro, o combate à impunidade. Em meu caso, nunca nenhum superior fez qualquer menção ou adotou qualquer atitude para que eu parasse de praticar os atos que pratiquei.

Quarto, a realização de um trabalho de conscientização de valores, por meio da instrução e do diálogo constantes.

Não podemos esquecer que o homem deve ser atendido em sua integralidade, pois ele é constituído de espírito, alma e corpo e, se não houver um equilíbrio nestas três áreas, em algum momento haverá problemas.

Na parte do corpo, a preocupação com hábitos alimentares, com a higiene, com a saúde e com a prevenção de doenças.

Na parte da alma, entra a psicologia (mente, livre arbítrio e emoções), na fisiologia fala-se do cérebro.

Na parte do espírito, comunhão com o Deus, criador de todas as coisas, a palavra religião em sua essência "religar o que foi desligado", o homem sem Deus andará em seus próprios desejos, em suas próprias vontades e as consequências serão drásticas. No entanto, todo o homem precisa saber: quem ele é? Porque ele existe? E qual o seu propósito?

Tudo isso para que o policial militar não se sinta um super-homem pelo fato de usar farda e portar arma. Para que ele seja e se perceba como uma pessoa normal, que se emociona, que sente dor, medo e compaixão.

CAPÍTULO 21
Mike

A entrevista ocorreu em São Paulo, no mês de setembro de 2011, em sua residência. Percebe-se no entrevistado o perfil de uma pessoa consciente do erro cometido e que almeja por mudanças na Instituição para que outras pessoas não cometam o mesmo erro e sofram o que ele sofreu.

Da mesma forma que na entrevista anterior, o nome *Mike* refere-se a um apelido, a uma maneira como os policiais militares se denominam, quando estão de serviço nas atividades operacionais no dia a dia.

1. O que aconteceu? Por que foi condenado?

Fui condenado pela prática dos crimes de sequestro, homicídio e ocultação de cadáver. Cometi o delito em companhia de outros dois civis. Abordamos um jovem, numa noite chuvosa, na região central de São Paulo, próximo de onde residia. Levamos para um matagal distante. Cada civil efetuou um disparo de arma de fogo, eu efetuei dois, um na cabeça e outro nas costas.

Residia na área central de São Paulo e no bairro havia um grupo de jovens que praticava roubos, a situação era revoltante. Os vizinhos não tinham mais tranquilidade.

Em três ou quatro ocasiões abordei, juntamente com um amigo civil, os jovens. Nessas ocasiões recuperamos os produtos do roubo e restituímos aos donos, repreendemos todos eles e liberamos.

Na verdade me sentia com superpoderes. Raciocinava da seguinte maneira: sou policial, tenho arma de fogo, tenho poder, e como eles continuaram a praticar os delitos na vizinhança, só restava tomar a decisão de limpar o bairro, porque daí eles não iriam perturbar mais.

2. O que aconteceu em seguida?

Após efetuar os disparos e com a certeza de que ele havia falecido, adentramos no veículo e retornamos para nossas residências.

Naquela noite não consegui dormir, não por remorso, mas porque ficava pensando nos detalhes do fato ocorrido.

No dia seguinte, as preocupações começaram. Havia uma testemunha que avistou a abordagem e conversou com a mãe do jovem, que foi ao Distrito Policial registrar a ocorrência.

O delegado iniciou as investigações e logo chegou até nós. No início negamos a autoria; contudo, à medida que a investigação prosseguia a situação piorava. O delegado, ao final, conseguiu as provas suficientes. Foi decretada a nossa prisão provisória. Fui conduzido para a sede da Corregedoria da Polícia Militar e depois para o Presídio Militar Romão Gomes. Achava que seria solto logo, mas houve a decretação da prisão preventiva e aguardei o julgamento preso.

Fui condenado a quinze anos de reclusão.

3. Por que achava que possuía superpoder?

Primeiro, pelo fato de andar armado.

Segundo, pelo fato de ser detentor do poder de polícia. Achava que, devido a isto, poderia fazer o que bem quisesse. Fazia *blitz* policial nas horas de folga.

Terceiro, porque entendia que devia matar alguém para ser aprovado no meio policial. Algumas vezes, colegas de farda perguntavam se já havia matado alguém, me sentia cobrado e, para ser respeitado pelo grupo, achei que devia agir dessa maneira. Praticar homicídio seria uma maneira de me sobressair no grupo, de ter prestígio e de ter fama.

Fui buscar esse prestígio. Pratiquei o primeiro homicídio, fui preso. Caso contrário, teria continuado e teria praticado outros.

4. O que você sentiu quando disparou contra a vítima?

Senti um certo prazer. Se, a partir daquele momento, alguém me perguntasse se havia matado alguém, teria resposta positiva. Não senti remorso. Na verdade tinha o desejo de matar alguém. O ocorrido com o jovem foi somente um pretexto.

5. O que você sentiu no momento da prisão?

Era um pesadelo. Durante cinco dias acordava, mas percebia que era real. Vivia entre grades e com outras pessoas que não conhecia. Com o passar dos dias, fui tomando consciência da real situação e daí veio o desejo de sair logo da prisão. Com a condenação, voltou o pesadelo. Senti-me hipnotizado, fiquei paralisado, sem saber o que pensar e o que fazer. Parecia que eu não existia mais. Logo após fui me envolvendo com as atividades rotineiras do presídio.

6. O que você vivenciou dentro da prisão?

Vi muitos jovens adentrando, sofrendo o que eu sofri, com os mesmos dilemas e as mesmas frustrações. Vi muita gente chorando, principalmente aos domingos, após o horário de visita. Nessas ocasiões reinava um silêncio pesado no presídio. As pessoas quietas nas camas, muitas em pranto. Era um silêncio de tristeza.

Vi muita gente falando em suicídio. Eu mesmo pensei a respeito algumas vezes.

7. Como foi a sua formação na Polícia Militar?

Fiz o Curso de Formação de Soldados. Nele foi mostrada uma realidade bem diferente da que deparamos quando vamos trabalhar numa unidade operacional. Lá nenhum instrutor fez menção aos problemas com os quais iríamos nos deparar após a formatura, sobre qual seria a realidade do cotidiano policial.

8. Pela sua percepção, o que deve mudar na formação?

O curso de formação deve focar na realidade da atividade policial. Naquilo que realmente acontece.

Nunca nenhum instrutor citou casos que ocorreram na vida real e que poderiam servir de exemplo, como um alerta, para nós.

Deve-se também trabalhar com a experiência depois de formado, nos batalhões, mencionando exemplos de fatos que ocorreram em outras unidades. Isso, comigo, nunca aconteceu.

Na verdade o que ocorre é o seguinte: o Estado te recruta na sociedade, te dá formação, te dá uma arma, te dá superpoderes, te solta na rua e pronto!

CAPÍTULO 22
Tenente Ricardo

A denominação foi dada por Manso (2005) e se refere a um ex-oficial da corporação, preso no Presídio Militar Romão Gomes da Polícia Militar, condenado a quarenta e três anos de reclusão pela prática de triplo homicídio qualificado.

Em sua entrevista, o tenente Ricardo relatou ter se deparado com uma realidade que não conhecia. Crimes violentos, miséria e extrema pobreza, esses eram os componentes do ambiente de trabalho. Nunca havia tomado conhecimento dessa dura realidade. Havia visto coisa semelhante somente nos filmes norte-americanos. Aos 21 anos, tinha uma árdua rotina de trabalho, com poucas condições de serviço e tinha que comandar diversos policiais militares.

Ele se deparou com diversos casos graves. Certa ocasião atendeu uma ocorrência em que uma criança de quatro anos foi estuprada e ele, em companhia de outros policiais militares, ainda protegeram o autor do delito, pois a população queria linchá-lo.

Nesse momento, achou um contrassenso ter que proteger quem havia praticado uma monstruosidade contra uma menina. Sentiu revolta.

Com o passar do tempo, à medida que desempenhava suas funções, foi se deparando com diversas outras ocorrências graves: pessoas mortas em roubos, pessoas que cometeram suicídio na linha férrea cujos corpos resultavam destroçados etc. Foi se tornando cada vez mais insensível, nada mais o abalava.

Num ambiente hostil, sentiu estar em guerra contra os marginais que atuavam naquela região. Em dado momento da entrevista, ele relatou o seguinte:

A minha vontade era tão grande assim de ... de resolver as questões, que eu não trabalhava mais oito horas, trabalhava as oito que o Estado me pagava e trabalhava mais oito por minha conta. (...). Por quê? Para tentar resolver e diminuir a criminalidade dali. Era um idealismo meu, e aí eu trabalhava (Manso, 2005, p. 230).

Contudo, à medida que o número de prisões aumentava, ele se deparou com uma outra realidade que, até então, também desconhecia: a corrupção policial. Ele relatou que muitas pessoas presas eram, num breve espaço de tempo, soltas na delegacia, ou então eram absolvidas por falta de provas, devido aos inquéritos policiais mal elaborados. Notou que a impunidade prevalecia.

Esses casos foram se avolumando e percebeu que estava perdendo a guerra contra os marginais. Foi então que tomou a decisão de não mais prender ninguém. Os marginais seriam por ele detidos, julgados, condenados a morte e executados.

Assim relatou o Tenente Ricardo:

Era outra realidade a corrupção que existia. Eu prendia para outra polícia, eu entregava para a polícia civil, encerrou a minha função. (...) E ali o que acontecia? Lá, naquele local, eles subornavam as pessoas, durante o inquérito alguma coisa acontecia e eles eram soltos.

(...)

A partir de hoje eu não vou mais prender ninguém, porque não resolve (...). Então todo cara que eu pegar errado a partir de hoje, eu vou ser o juiz, vou ser o promotor, e vou fazer o julgamento (Manso, 2005, p. 233).

O tenente Ricardo prosseguiu, por muito tempo, nesse intento. Relatou não recordar a quantidade de pessoas que executou. O seu relato é assustador: "Eu não prendia mais. Eu só prendia se eu via que podia me complicar e vir a ser preso. A maioria dos casos jamais apareceu" (p. 240).

Na corporação, ele desfrutava de grande prestígio, era tido como exemplo:

> Porque a tropa acaba se espelhando. (...) Sempre combatendo a criminalidade, não se vende para a corrupção nem nada. (...). Eu era um tenente linha de frente (Manso, 2005, p. 240-1).

O reconhecimento por seus pares e por seus superiores, a notoriedade a que foi alçado, o prestígio e a fama adquiridos serviram de combustível para a sua caminhada.

CAPÍTULO 23
Sargento Ribeiro

É uma pessoa bem articulada, inteligente, dotada de acentuado senso crítico. Segundo Manso (2005), durante a entrevista, ele expôs com lucidez e com convicção, os argumentos, para ele irrefutáveis, que justificam a morte dos, por ele denominados, marginais. Estava preso no Presídio Militar, cumprindo pena pela prática de homicídio.

Segundo o autor, o entrevistado se declara em guerra contra os marginais; ou "os inimigos da sociedade" (p. 245) e, em razão disso, ele "reivindica o direito de matar". Para ele:

> o assassinato é uma importante ferramenta no cotidiano perigoso do PM (policial militar) que trabalha na rua. Se os policiais fossem proibidos de matar, seria melhor que parassem de trabalhar (Manso, 2005, p. 244).

Ele expõe que o homicídio na Polícia Militar é uma questão cultural, pois:

> Todo policial bom tem homicídio. Todos têm homicídio. E a Polícia Militar não considera o homicídio como uma desonra.

> (...)

> O policial que comete homicídio é conceituado porque enfrentou o crime (Manso, 2005, p. 245).

Prosseguindo em sua análise, o Sargento Ribeiro considera o homicídio "uma coisa eventual, não é coisa que deturpe o caráter do cidadão" (p. 246). Para ele, a desonra existe nos casos em que o policial militar pratica roubo, extorsão, estupro etc.

Por fim, ele atribui o elevado número de mortes de civis, por policiais militares, ao aumento da criminalidade. Numa lógica simplista, ele afirma: "Mais criminalidade, mais confronto, mais morte" (p. 246). Outra justificativa é a falta de respeito dos marginais com os policiais militares, e que, segundo sua ótica, estimula o confronto:

> Sem contar que a bandidagem cada vez está ficando mais ousada, mais armada, e respeita cada vez menos a polícia. Então o efeito morte ocorre mais. Isso é explicado dessa forma, isso não foi a polícia que motivou. Hoje tem muito mais reação, o pessoal enfrenta, por isso tem mais morte (Manso, 2005, p. 247).

Da mesma maneira que os outros dois casos narrados anteriormente, ele se considera abandonado pelos colegas e pela instituição. Ele se autointitula um "inimigo do Estado" (p. 244).

Igualmente se via em uma guerra declarada contra os marginais "em que se pode matar ou morrer a qualquer momento" (p. 249). Devido a isto não há a possibilidade de prisão do oponente. O inimigo deve ser eliminado.

Segundo Manso é evidente que, para o Sargento Ribeiro:

> os bandidos são odiados, menosprezados, e interceder pela vida deles seria quase o mesmo que pedir a um soldado para não matar o inimigo no campo de batalha durante uma guerra. (...). A simples palavra "bandido" tem força suficiente para permitir que um suspeito seja morto sem provocar grandes dramas na consciência.
>
> (...)
>
> Como soldados no campo de batalha, eles veem o assassinato quase como um direito adquirido (2005, p. 249).

Este é o ambiente de trabalho do Sargento Ribeiro e, segundo Huggins, Fatouros & Zimbardo, esse ambiente e o treinamento recebido podem influenciar na prática do que eles denominam atrocidades, ou seja, tortura e assassinatos de forma sistemática. Para os autores:

> O policial perpetrador de violência em série pode ter sido modelado, em primeiro lugar, simplesmente por ter feito parte de um sistema de assassinato – por exemplo, o processo de treinamento ou trabalho modelou o agente para ser um fiel seguidor – e, em segundo lugar, por atores auxiliares que treinam e protegem os assassinos e punem os que não se dispõem a cometer atrocidades (Huggins, Fatouros & Zimbardo, 2006, p. 262).

Com base no estudo acima mencionado, essa é a realidade que ainda persiste, desde o fim da repressão existente no regime militar até hoje.

CAPÍTULO 24
Breve análise do teor das entrevistas

Do que foi narrado nas entrevistas, há alguns aspectos que merecem destaque, posto que são utilizados como justificativas para a morte, pelos policiais militares, dos denominados marginais. O primeiro deles é que o homicídio de marginais é encarado, para os entrevistados, como uma questão cultural na polícia.

Há relatos que evidenciam isso e demonstram que, se tais práticas não são estimuladas diretamente, ou seja, não é dada uma ordem direta para praticá-los, eles são estimulados nos seguintes aspectos:

Para eles, o primeiro aspecto é a omissão dos Comandantes que nada fazem para impedir que algum policial militar atue nesse desiderato. Como foi demonstrado nas entrevistas, o policial dá mostras que está trilhando um caminho errado, basta verificar o seu comportamento e o número de ocorrências com resultado de morte, em que ele participa.

O segundo aspecto é o fato de existir uma certa cobrança entre os policiais militares para saber se já se envolveram em ocorrências que resultaram em mortes dos alegados marginais. Um deles, denominado *Mike*, relatou que se sentiu nessa situação e percebeu que tinha que praticar homicídio como sinal de prestígio, para poder ser mais bem aceito pelo grupo. O homicídio seria uma forma de autoafirmação e de aquisição de fama perante os demais colegas.

O terceiro aspecto, que sobressai nas entrevistas, é a tolerância de todos, autoridades do governo, superiores hierárquicos e sociedade, com a prática de homicídios pelos policiais militares, sob a chancela de resistência seguida de morte. Mesmo com a divulgação de estatísticas alarmantes, nada é feito para equacionar o problema de maneira eficaz (Manso, 2005).

Nesse sentido, Belli (2004) ao discorrer sobre as causas da violência policial aduz que:

> O senso comum, portanto, justifica a violência policial como meio mais eficaz de evitar a desagregação social cuja causa seria o crescimento da criminalidade. Os estereótipos servem como um guia para ação policial, pois definem previamente os alvos preferenciais da vigilância, classificam e discriminam entre aqueles que devem ser tratados com respeito e os que formam uma clientela incivilizada que só conhece a linguagem da violência (p. 22).

Há também o fato de que esses policiais militares são tidos como exemplos de conduta, são considerados corajosos e dedicados ao trabalho. Eles ocupam uma posição de destaque perante seus companheiros e, como tais, são respeitados e são dignos de serem copiados.

Outro aspecto que sobressai nas entrevistas é o fato de eles se perceberem numa guerra declarada contra os marginais. Nesse contexto, as ruas das cidades são consideradas verdadeiros campos de batalha. Como tal, a única solução possível é a eliminação do inimigo. A lógica da eliminação se faz presente.

Assim, os policiais não se veem como mais um participante, com suas limitações legais, do sistema de segurança pública. Eles se percebem como soldados em guerra, que podem e devem fazer de tudo para aniquilar o inimigo da sociedade (Manso, 2005).

O terceiro aspecto apresentado nas entrevistas é a existência da corrupção policial que gera e estimula a impunidade.

Os relatos evidenciam que eles cansaram de conduzir os presos ao Distrito Policial, para não acontecer nada depois. A frustração foi tamanha, afinal eles se arriscavam, dedicavam-se ao máximo, estavam conscientes de que faziam a coisa certa e, ao final, mediante o pagamento de propinas, os que eram por eles presos, se livravam soltos e voltavam para as ruas, muitas vezes praticando outros delitos.

Esse quadro, segundo eles, levou-os a não mais conduzir os presos aos Distritos Policiais. A estrutura, como lhes fora ensinado, não funcionava. Passaram a desacreditar no Estado e nas suas instituições.

Eles mesmos assumiram, num só corpo, o papel de juiz, promotor, delegado e advogado. A sentença seria dada por eles, sem intermediários que pudessem mudar o curso dos fatos. A justiça, sob a ótica deles, estava assegurada.

O quarto aspecto, e que talvez explique a eclosão dos demais acima mencionados, é o fato de que eles desconheciam a realidade com que iriam se deparar no dia a dia da atividade policial. Isso evidencia a existência de falhas no processo de formação desses policiais militares. À educação é reservada, nesse quesito, um papel fundamental.

Eles foram se deparando com as vicissitudes da sociedade, com os seus problemas estruturais e com suas mazelas, quando eles estavam na labuta diária e não estavam preparados para tal. Daí os traumas, a incompreensão e a tomada de decisões equivocadas.

Os relatos trazidos pelas entrevistas indicam que o processo educacional dos policiais não os preparou adequadamente para o exercício da atividade policial.

CAPÍTULO 25
Há explicação?

De antemão, deve-se salientar que não é o objetivo principal do presente livro fornecer todas as explicações possíveis para a prática de homicídios, pelos policiais militares, nos níveis que se encontram. O problema requer uma análise mais abrangente. Contudo, busca-se, nesse momento, demonstrar teorias que tragam elucidações para colaborar no entendimento desse problema.

Para Zaluar (2007), a explicação de que a pobreza e a desigualdade social, por si só, contribuem para a eclosão do crime, é um argumento simplista e que desvia o foco do problema. Contudo, ela ressalta a falência do Estado quando, por diversos fatores, os responsáveis pela prática de delitos não são devidamente responsabilizados, gerando impunidade, como um fator a ser considerado. Mas não é só isso.

Em sua análise, ela salienta que há um algo mais que leva o jovem a cometer delitos, o que ela denomina de "etos da hipermasculinidade" (p. 1). Segundo a autora, busca-se na prática de determinado delito, "o reconhecimento por meio da imposição do medo" (p. 1).

Baseada em dados coletados em seu trabalho de pesquisa, a autora relata que:

> Parece-me o fato de que alguns se deixam seduzir por uma imagem da masculinidade que está associada ao uso da arma de fogo e à disposição de matar, ter dinheiro no bolso e se exibir para algumas mulheres. A partir de entrevistas que minha equipe fez com jovens traficantes, definimos isso como um etos da hipermasculinidade. Esse é um fenômeno que está sendo muito estudado nos EUA e na Europa e diz respeito a homens que têm alguma dificuldade de construir uma imagem positiva de si mesmos. Precisam da admiração ou do respeito por meio do medo imposto

aos outros. Por isso se exibem com armas e demonstram crueldade diante do inimigo (Zaluar, 2007, p. 3).

Extrai-se dos relatos dos entrevistados a existência de traços dessa hipermasculinidade, quer na imposição da ordem em uma determinada comunidade, quer pelo destaque que eles usufruíam quando envolvidos em ocorrências com resultado de morte, dos ditos marginais. Para Zaluar (2008), a agressão e o domínio são traços que a caracteriza.

Para Feijó (2010), analisando a teoria da hipermasculinidade, em dado momento, o inconformismo e a consequente rebeldia contra determinada situação podem levar alguém à prática de delitos, como forma de autoafirmação. Para a autora, "O 'sujeito' só é considerado homem se tiver disposição para matar e cometer crimes. Agir dessa forma confere *status*, poder e afirma a identidade masculina baseada na lógica belicista" (p. 1). O relato trazido por *Mike* demonstra, de maneira inequívoca, esses traços. Segundo Belli (2004):

> O criminoso é, assim, "demonizado", considerado um caso perdido e sem a mínima chance de ressocialização. Torturá-lo para obter informações – quando não como mecanismos de extorsão – ou matá-lo justifica-se pela simples razão de que, ao ter se bandeado para o lado do crime, adentrou o campo de batalha, tornou-se inimigo, transmutou-se em agente da destruição da sociedade, enfim, submeteu-se ao rigor dos agentes da ordem (p. 21).

Novamente, há ecos de concordância com o exposto pelos entrevistados, uma vez que, ante a constatação da existência da corrupção policial que gerava a impunidade daqueles que praticavam delitos, decidiram aplicar a justiça com suas próprias mãos. Aliado ao fato de que eles se declararam envolvidos numa guerra contra os marginais. O inconformismo, a resultante rebeldia e essa visão belicista surgiram como justificava para a prática de tais atos.

Haveria, pois, a necessidade de aplicação de medidas excepcionais para restabelecer a ordem. Contudo, Agamben (2004), analisando o estado de exceção, alerta que "a teoria da necessidade não é aqui outra coisa que uma teoria da exceção (*dispensatio*) em virtude da qual um caso particular escapa à obrigação da observância da lei" (p. 41), atribuindo-lhe a capacidade "de tornar lícito o ilícito" (p. 40).

Para o autor, o estado de exceção pode resultar num:

> totalitarismo moderno (...) que permite a eliminação física não só dos adversários políticos, mas também de categorias inteiras de cidadãos que, por qualquer razão, pareçam não integráveis ao sistema político (Agamben, 2004, p. 13).

Nas entrevistas, houve relatos do efeito sofrido pelos policiais militares entrevistados, decorrentes do triste cenário com que se depararam e, também, dos atos de violência que perpetraram. A mudança paulatina e silenciosa que se operou neles, a frieza manifesta e ausência de sentimentos amenos nos remete a uma breve análise do mal.

Para Bobbio (2002), o mal apresenta dois aspectos. Ele se refere ao mal ativo e ao mal passivo. Uma ação maléfica produz resultados tanto em quem a perpetrou, no caso o mal ativo, como contra quem ela é dirigida, no caso o mal passivo.

Para o autor, sob a ótica da justiça retributiva "mal ativo e mal passivo formam uma unidade inseparável" (p. 184). É o que se pode observar dos relatos dos entrevistados, quando narram a mudança que se operou neles com a prática dos homicídios e com o contato direto e constante com a dura realidade que desconheciam até então e que não estavam preparados para enfrentar.

Faz-se importante mencionar, nesse contexto, que a violência, mesmo sendo considerada legítima, ou seja, aquela praticada pelo agente com o intuito de se defender, gera feitos negativos nele próprio. É o que demonstrou uma recente pesquisa que teve como objeto um grupo de trinta e seis policiais militares que se envolveram em ocorrências que resultaram em mortes de civis, quando ocorreram ataques da facção criminosa, denominada Primeiro Comando da Capital, em maio de 2006.

A pesquisa, baseada nos resultados dos testes aplicados, constatou alterações no córtex cerebral e na amídala de alguns dos policiais militares quando escutaram, novamente, a gravação das ocorrências em que eles se envolveram. Assim conseguiu-se comprovar cientificamente, com essas alterações, a existência do medo e seus efeitos no comportamento desses policiais militares, constatando-se a existência de Estresse Pós-Traumático (Peres et al., 2011).

Referindo-se aos horrores de Auschwitz, Adorno (2006) assevera que as circunstâncias que permitiram a sua ocorrência ainda estão presentes em nossa sociedade. Para ele, o fato de relacionar a grandeza do mal perpetrado ao elevado número de vítimas, desvia a atenção das reais causas do ocorrido, além de ser "humanamente indigno" (p. 1).

Segundo o autor:

> é preciso buscar as raízes nos perseguidores e não nas vítimas, assassinadas sob os pretextos mais mesquinhos. (...). É preciso reconhecer os mecanismos que tornam as pessoas capazes de cometer tais atos.

> (...)

> Culpados são unicamente os que, desprovidos de consciência, voltaram contra aqueles seu ódio e a fúria agressiva. É necessário contrapor-se a uma tal ausência de consciência, é preciso evitar que as pessoas golpeiem para todos os lados sem refletir a respeito de si próprias (Adorno, 2006, p. 2).

Prosseguindo em sua análise, ele constata a existência "de comportamentos autoritários e autoridades cegas" que continuam a existir sob a égide das democracias, por mais que não se queira reconhecer esse fenômeno. Alguns fatores confirmam essa constatação. O primeiro é a prevalência de um potencial autoritário nas pessoas dotadas de "uma dimensão destrutiva e – por assim dizer – de desvario que, antes, ou não possuíam, ou seguramente não revelavam" (p. 3).

O segundo refere-se à existência dos vínculos de compromisso, tidos como aqueles compromissos formais, burocráticos, que endurecem a relação interpessoal, que representam um "tornar-se dependente de mandamentos, de normas que não são assumidas pela razão própria do indivíduo" (p. 3) e, portanto, cerceiam a vivência e o aproveitamento da experiência como referencial crítico, essencial para que os horrores de Auschwitz não se repitam.

O terceiro refere-se ao sistema educacional excessivamente formal e conservador, baseado na força e na disciplina, que mantêm presentes as condições para que a barbárie se manifeste. Para Adorno:

> Essa ideia educacional de virilidade, em que irrefletidamente, muitos podem até acreditar, é totalmente equivocada. A ideia de que a virilidade consiste num grau máximo da capacidade de suportar dor de há muito se converteu em fachada de um masoquismo que – como mostrou a psicologia – se identifica com muita facilidade ao sadismo.
>
> (...)
>
> Quem é severo consigo mesmo adquire o direito de ser severo também com os outros, vingando-se da dor cujas manifestações precisou ocultar e reprimir (2006, p. 5).

O quarto fator é o que Adorno atesta como a existência "da velha estrutura vinculada à autoridade, a modos de agir (...) do velho e bom caráter autoritário" (p. 3). Ela se refere aos ritos de passagens, aos trotes violentos, aos costumes brutalizados. Verdadeiros rituais a que as pessoas são submetidas como meio de inclusão em determinado grupo social. São nocivos, pois relacionam a violência à aceitação pelo grupo.

Com a mesma constatação, Arendt alertou para a crise de autoridade com que o mundo moderno estava se deparando. Como resultado, houve um mau entendimento do termo, o que auxiliou na eclosão do totalitarismo como nova forma de governo, devido a quebra "mais ou menos geral de todas as autoridades tradicionais" (1979, p. 128).

Devido a esse mau entendimento do termo, o exercício da autoridade, por exigir obediência, foi confundido com o exercício do poder e com a prática de violência. Autoridade se tornou aquela pessoa que, diante dessa constatação, impõe o cumprimento de uma ordem pelo medo e pela truculência.

É o que se vê, diariamente, na mídia escrita e falada com suas reportagens que enaltecem a postura dos policiais militares, conferindo-lhes um *status* de heróis, ou no mínimo, de astros de cinema. Esses veículos de comunicação fazem apologia da violência e associam, costumeiramente, o exercício da autoridade com demonstração de poder, brutalidade e truculência. Transmitem a ideia de que a segurança só é obtida com intimidação e o temor.

O quinto fator refere-se à frieza. Para o autor, ela faz com que as pessoas se transformem em coisas e objetos, acarretando uma ausência de emoções. Num primeiro momento, a própria pessoa torna-se igual à coisa e, logo em seguida, ela transforma os outros. A frieza se instala e a indiferença com a dor impingida ao semelhante se manifesta.

Tais reflexões são de suma importância porque, guardadas as devidas diferenças e proporções, os pressupostos da barbárie descritos por Adorno se fazem presentes em nossa sociedade. É o que se extrai dos relatos constantes nas entrevistas com os policiais militares e das denúncias perpetradas por diversas organizações de defesa dos direitos humanos. As estatísticas, infelizmente, não deixam dúvidas.

Segundo dados da Ouvidoria da Polícia do Estado de São Paulo, em 1999, foram registradas 176 ocorrências, que resultaram na morte de 207 civis em alegados confrontos com a polícia (as denominadas resistências seguidas de morte). Desse montante, metade sequer foi remetida às Varas do Júri para a devida apreciação. Esse montante foi remetido às Varas Criminais, sendo anexadas aos processos instaurados em razão dos delitos praticados pelos mortos (Manso, 2005).

Para o autor, no lapso temporal de 25 anos, mais de 13 mil civis foram mortos pela polícia nos alegados confrontos. Contudo, outro dado merece especial atenção. Analisando a atuação do Grupo de Repressão aos Delitos de Intolerância (Gradi), órgão diretamente ligado ao Gabinete do Secretário da Segurança Pública do Estado de São Paulo, em dois anos, 2001 e 2002, o grupo foi responsável por 27 mortes. Dos 22 policiais que o integravam, a soma total dos homicídios praticados chegou a impressionantes 167 casos. Somente um deles envolveu-se em 32 inquéritos policiais militares de homicídio, em toda sua carreira, quase o dobro das mortes praticadas por toda a polícia de Los Angeles, em 2001 (18 casos), notadamente uma das cidades mais violentas dos Estados Unidos.

Os dados da Secretaria da Segurança Pública do Estado de São Paulo são preocupantes. Desde 1995 até junho de 2011 foram registradas 7423 ocorrências de resistência seguida de morte. Foram 204 ocorrências em 1995, saltando para 673 ocorrências em 2002; 868 ocorrências em 2003, com uma pequena queda em 2009 (425 ocorrências) e em 2010 (496 ocorrências). Até o mês de junho de 2011 foram registradas 241 ocorrências (Nev, 2011).

Em São Paulo, no ano de 2011, de acordo com dados fornecidos pela Secretaria de Segurança Pública, em cada cinco mortes registradas, uma foi de autoria da polícia. No total de 621 homicídios, 128 foram cometidos pela polícia e registrados como "pessoas mortas em confrontos com a Polícia Militar em serviço" (Globo.com, p. 1).

Referindo-se às ocorrências com o resultado morte de civis, em alegados confrontos com a polícia, Alston (2010), relator especial da Organização das Nações Unidas sobre execuções sumárias, arbitrárias ou extrajudiciais, atesta que:

> Os chamados Autos de Resistência continuam a uma taxa muito grande. Houve pelo menos 11 mil mortes registradas como "resistência seguida de morte" em São Paulo e no Rio de Janeiro entre 2003 e 2009. As evidências mostram claramente que muitas dessas mortes na realidade foram execuções. Mas a polícia imediatamente as rotula de "resistência", e elas quase nunca são seriamente investigadas. O Governo ainda não acabou com esta prática abusiva (p. 1).

Arantes (2010) apresenta números alarmantes, do que ela denomina de massacres face às circunstâncias em que ocorreram. No denominado massacre do Carandiru, em 1992, foram mais de 111 mortos; no massacre de maio de 2006, fruto da resposta das forças policiais paulistas contra os ataques do Primeiro Comando da Capital, foram 493 pessoas mortas e no massacre da "Operação Castelinho", em 2002, que constituiu uma emboscada, foram 12 mortes.

Para a autora, tais acontecimentos "são crimes filhotes de um Estado que deixou intacto um aparelho de matar e que não puniu os que o montaram (...)" (Arantes, 2010, p. 76).

De fato, Auschwitz faz-se presente.

CAPÍTULO 26
Solução para o problema ou mais problemas com a solução?

Faz-se necessário mencionar dois exemplos recentes sobre práticas de segurança pública. Um negativo, denominado *Patriot Act*, editado pelo governo norte-americano; o outro, positivo, desenvolvido pelo governo colombiano, denominado Segurança Cidadã. O ponto comum em ambos é a finalidade de prover segurança aos cidadãos.

Adotar-se-á, como parâmetro, ações na área da segurança pública, levadas a efeito nesses dois países, mesmo que tenham sido negativas, pois ensinam, por meio de uma avaliação dos seus fundamentos e dos resultados apresentados, a não reincidir no erro, auxiliando na propositura de ações que, efetivamente, resultem em mais segurança a todos, com plena observância aos direitos dos cidadãos.

Não será proposto nada inédito, afinal de contas "nada, no mundo (...) se faz do ponto zero" (Romano, 2006, p. 252), uma vez que:

> "as técnicas são geradas ao mesmo tempo por empréstimo e por invenção. Nenhuma sociedade produz só a partir de si mesma as soluções técnicas que lhe permitem conviver com a natureza hostil. (...) Sem o par aparentemente oposto empréstimo/invenção, não existiria mundo humano" (Gourhan, 1973 *apud* Romano, 2006, p. 252).

O *Patriot Act*

Segundo Vizzotto, o *Patriot Act* foi a reação mais visível e imediata, tomada pelo governo americano, para combater os atos de terrorismo perpetrados no fatídico dia 11 de setembro de 2001" (2004, p. 2).

Após uma fulminante votação no Congresso Americano (357 votos a favor e 6 contra, na Câmara dos Deputados; e 98 votos a favor e 1 contra, no Senado), apenas 45 dias após os ataques terroristas em 11 de setembro, a lei, que o instituiu, com 242 páginas organizadas em 10 títulos e 152 seções, foi aprovada e assinada pelo presidente George Bush, em 26 de outubro de 2001. Ela ampliou a atuação das agências e dos órgãos de segurança norte-americanos, tendo por objetivo central identificar e prender os responsáveis pelos ataques ocorridos no 11 de setembro e evitar a incidência de outros ataques.

Para Zagaroli (2003), o *Patriot Act* representou uma ameaça à liberdade, uma vez que a questão foi posta sob a lógica de uma falsa escolha entre segurança nacional e liberdades civis, como se ambas não pudessem conviver. Uma medida tão severa foi adotada num momento de comoção da nação, num momento de histeria e pânico.

Tudo é permitido em nome da segurança dos cidadãos

O fato é que o governo norte-americano, em nome da segurança dos cidadãos, tem abusado do segredo em suas ações, o que tem despertado fundados temores na sociedade. Há dúvidas sobre o que o governo pretende fazer com o grande volume de informações que tem coletado (Zagaroli, 2003).

Como bem expôs Zagaroli (2003), a falta de transparência nas ações governamentais tem sido a regra, especialmente naquilo que deve ser público. Tem-se decidido, sem a menor transparência, sobre a permanência ou a expulsão de pessoas do país.

O assunto é controverso e tem provocado debates na sociedade americana, dada a profundidade e a dimensão das medidas contidas no *Patriot Act*. Até mesmo grupos historicamente antagonistas se uniram contra o ato. De fato, a *American Civil Liberties Union – ACLU* (liberal) e o *Eagle Forum* (conservador) se uniram face ao grau das ameaças às liberdades civis e ao excessivo segredo com que as autoridades têm atuado (Zagaroli, 2003).

É fato que as pessoas querem viver com mais segurança, mas se lhes é perguntado se a polícia pode adentrar em suas casas ou grampear seus telefones, sem ordem judicial, a resposta é negativa (Zagaroli, 2003).

A lei que instituiu o *Patriot Act* trouxe marcantes alterações na atuação dos agentes do governo federal, consubstanciadas numa ampliação, sem precedentes de seus poderes, a saber: I) autorização para rastrear e interceptar comunicações de eventuais terroristas, sem a necessidade de ordem judicial; II) maior rigor das leis federais contra lavagem de dinheiro e das leis de imigração; III) permissão para a realização de vigilância mediante suspeita; IV) permissão para a realização de escutas telefônicas e a produção de outras provas sem autorização judicial; V) instituição de novos crimes federais; VI) permissão de amplo acesso a uma enorme gama de dados pessoais; e VII) aumento da pena de outros crimes anteriormente tipificados.

Organizações civis e acadêmicas têm alertado que, com a edição do *Patriot Act*, o governo exagerou na dose, indo muito além ao conferir às autoridades poderes que tornaram mais simples e rápido investigar, processar, julgar e condenar pessoas consideradas suspeitas de terrorismo. Para eles, há flagrante violação à garantia constitucional do devido processo legal e da privacidade.

Segundo a *Concerned People Against the Patriot Act* – CCAPA, uma organização não governamental norte-americana, sem fins lucrativos, o *Patriot Act*, acarretou uma mudança fundamental nos direitos civis dos cidadãos norte-americanos, resultando, em nome da luta contra o terror, numa ameaça às seguintes liberdades:

• liberdade de associação: o governo pode monitorar instituições políticas e religiosas, sem qualquer suspeita de atividade criminal;

• liberdade de informação: não há mais audiências públicas de imigração, pessoas são detidas sem acusação e os funcionários públicos foram encorajados a não registrar solicitações;

• liberdade de expressão: o governo pode processar editores ou detentores de qualquer informação que divulgarem ao público informações sobre investigações do governo acerca de terrorismo;

• direito à representação legal: o governo pode monitorar conversas entre advogados e clientes em prisões federais e negar advogados aos acusados de crimes;

- liberdade contra buscas arbitrárias: o governo pode realizar buscas e apreender documentos dos americanos, sem justa causa que motive tal medida e sem ordem judicial;

- direito a um julgamento rápido e público: o governo pode manter suspeitos presos, indefinidamente, sem julgamento;

- direito à liberdade: uma pessoa pode ser presa sem acusação formal. Aqueles considerados "combatentes inimigos" podem ser mantidos incomunicáveis, inclusive com a proibição da assistência de advogado.

Em algumas cidades americanas, agentes policiais e servidores municipais têm sido alertados do risco de violarem a Constituição, se colaborarem com os agentes federais.

Segundo Zagaroli (2003), sob a égide dos Atos Patrióticos, foram expedidas, pelo governo americano e sem autorização judicial, mais de 170 ordens de busca e apreensão em residências, mais do que o triplo do expedido nas últimas duas décadas.

Reuniões em mesquitas têm sido monitoradas por agentes do *Federal Bureau of Investigation*, simplesmente por suspeita de serem locais de atividades terroristas. O que tem sido denunciado por, novamente, violarem a Constituição, especificamente a liberdade de reunião e de expressão.

Por outro lado, o Departamento de Justiça norte-americano assevera que tais medidas são válidas e necessárias na guerra contra o terrorismo, não levando em consideração as sequelas que estão causando. Para os conservadores, tais medidas são mais do que necessárias, como importantes ferramentas empregadas na luta contra o terror, uma vez que os terroristas não deram sinais de que não mais ameaçariam os Estados Unidos.

Na opinião dos conservadores, devem ser utilizados todos aos meios necessários para proteger a nação e isto não constitui violação à Constituição.

Um grande número de organizações de proteção dos direitos civis, de acadêmicos e de militantes em geral, contestou não só a forma como o *Patriot Act* foi instituído, mas também o seu conteúdo, denunciando a existência de um choque entre direitos fundamentais. De um lado, o direito fundamental à segurança nacional e, do outro, as liberdades civis dos cidadãos americanos, consubstanciada no respeito total à Constituição Americana.

Para Vizzotto, três dispositivos de *Patriot Act* merecem análise, haja vista, apresentarem aspectos altamente controversos, a saber:

> "a) a definição do crime de terrorismo doméstico; b) a detenção compulsória de terroristas suspeitos e os tribunais militares; e c) a pós-notificação dos mandados de busca e apreensão" (2004, p. 2).

CAPÍTULO 27
Breve análise de alguns dispositivos do *Patriot Act*

A definição de terrorismo doméstico

O *Patriot Act* (2001) define na seção 802 um novo crime, denominado terrorismo doméstico, que compreende todas as atividades que configurem atos perigosos à vida humana, que pretendam intimidar ou coagir uma população civil, influenciar a política de um governo por intimidação ou coação, ou visem a modificar a conduta de um governo, utilizando-se de destruição em massa, assassinatos ou sequestro.

A maior crítica a esse dispositivo legal é que ele traz uma definição muito ampla do que vem a ser terrorismo doméstico. O uso de expressões do tipo "atos perigosos" e "pareçam pretender", por serem vagas em demasia, podem ser utilizadas da maneira mais ampla possível pelas autoridades, inclusive se houver o intuito de incriminar alguém que, de alguma maneira esteja incomodando o governo, afetando o exercício do direito constitucional de expressão e de reunião.

Ao afetar tais direitos, o ato viola a 1ª Emenda da Constituição Americana, que garante o livre exercício do direito à liberdade de expressão, de reunião pacífica e o de peticionar o governo para reparação de injustiças. O uso de expressões vagas e imprecisas viola a garantia constitucional do devido processo legal, uma vez que confere um amplo poder de interpretação e de ação às autoridades.

A detenção compulsória de terroristas suspeitos e os tribunais militares

Segundo Vizzotto:

> O Patriot Act concedeu uma gama inédita de poderes ao Procurador Geral dos Estados Unidos (...). Uma delas refere-se à prerrogativa de deter, de modo compulsório, pessoas suspeitas de serem terroristas.

Para colocar tais suspeitos sob custódia, o procurador-geral tem a capacidade de certificar/atestar que um estrangeiro esteja descrito em uma das seções abaixo citadas, ou esteja empenhado em qualquer outra atividade que ponha em perigo a segurança nacional dos Estados Unidos (2004, p. 2).

Tal disposição legal se encontra encartada na Seção 236 A e alterou o disposto na Seção 412 da Lei de Imigração e Nacionalidade norte-americana.

Novamente, foram utilizadas expressões de significados amplos e genéricos, resultando num tipo penal em aberto, o que permite à autoridade agir de acordo com sua vontade, cerceando a liberdade de alguém por mera suspeita, sem o controle do poder judiciário. Para Agamben, "A novidade da ordem do presidente Bush está em anular radicalmente todo o estatuto jurídico do indivíduo, produzindo, dessa forma, um ser juridicamente inominável e inclassificável" (2004, p. 14).

Além disso, houve a previsão da criação de tribunais militares com jurisdição somente para não americanos suspeitos de serem terroristas. O que fere, frontalmente, a 5ª emenda à Constituição Americana, que assegura a todos, nacionais e estrangeiros, a garantia de julgamento perante um grande júri, garante o direito de não produzir prova contra si mesmo (autoincriminação) e estabelece a garantia do devido processo legal.

Portanto, permitir a existência de tribunais militares para processar e julgar estrangeiros é inconstitucional e significa permitir a violação das garantias constitucionais acima mencionadas.

A pós-notificação dos mandados de busca e apreensão

A Seção 213 do *Patriot Act* (2001) inova ao permitir que as autoridades cumpram os mandados de busca e apreensão e somente após informem o juízo competente. Uma vez que não há mais a necessidade deste efetuar o pedido *a priori* para o poder judiciário, tal inovação subtraiu deste a prerrogativa do controle dos atos do poder executivo.

Esse dispositivo viola a 4ª Emenda à Constituição Americana que tutela não só o direito à privacidade, mas também garante o direito à inviolabilidade do domicílio, das pessoas e objetos, contra a realização de buscas e apreensões arbitrárias. Estabelece ainda que nenhum mandado poderá ser emitido sem que haja indício de culpabilidade.

Novamente são utilizadas expressões vagas e imprecisas, além do que, o prazo para se efetuar a notificação ao poder judiciário *a posteriori* não foi definido, permitindo a sua postergação pelo tempo que a autoridade do poder executivo bem entender. Abre-se um vasto campo para o arbítrio.

Referindo-se à previsão da pós-notificação, Talanian (2003), membro do Comitê de Defesa da *Bill of Rights*, alerta que o mandado só pode ser expedido mediante uma fundada suspeita e deve conter informações precisas e objetivas sobre o local, as pessoas e os objetos a serem investigados, o que não ocorre com a previsão da pós-notificação acima mencionada.

Para Talanian (2003), o *Patriot Act* reduziu a privacidade das pessoas, aumentou o poder, o segredo nas ações do governo e reforçou a proteção governamental no que se refere a especiais interesses, inclusive no uso de informações obtidas para outros propósitos, além do que foi inicialmente pretendido. Tudo isto devido à falta de transparência das suas ações, o que viola a *Bill of Rights*.

Há muita discussão sobre a necessidade de impor limites nas ações de investigação realizadas pelo governo, não só para a proteção dos direitos individuais, como também para ter certeza de que elas se referem a possíveis atos terroristas. O que leva alguém a ser considerado suspeito? Estes motivos devem ser bem claros, caso contrário poderá levar à discriminação por motivos étnicos, políticos e religiosos. É um assunto que diz respeito a toda sociedade americana.

A autora alerta para a atmosfera de medo, que retira o elemento racional da análise da questão, subsistindo o elemento emocional, o que pode ser perigoso, pois pode levar à ideia da prevalência da presunção de culpa, na qual todos são suspeitos até que se prove o contrário. O que não é admissível.

Para a autora, as garantias constitucionais não podem ser sacrificadas em nenhum momento, mesmo em tempos de crise, afirmando ainda que não se deve abrir mão de nenhuma liberdade assegurada na Constituição em nome da segurança.

CAPÍTULO 28

Segurança Cidadã

Faz-se pertinente abordar, sem a pretensão de esgotá-lo, esse tema porque constitui um bom exemplo como, de maneira eficaz, os problemas que afetam a segurança pública podem ser enfrentados e solucionados.

Nesse sentido, Velasquez (2002) constatou, no que se refere à segurança, a prevalência da doutrina de segurança nacional baseada na lógica do conflito estabelecido entre os inimigos interno e externo e o Estado. Este, por sua vez, tudo faz para estabelecer a ordem, situação que se agravou após o episódio de 11 de setembro de 2011.

Para o autor, a persistência dessa doutrina fez com que as autoridades desconheçam:

> que as manifestações de insegurança possuem características locais. Dessa forma, conservam-se nas instituições (como a polícia) estruturas isoladas da comunidade, sendo que esses problemas são enfrentados com óticas eminentemente policiais, sem reconhecer a característica multicausal dos mesmos e a necessidade de dar respostas integrais (...) (Velasquez, 2002, p. 1).

Velasquez (2002) propõe, em oposição ao conceito de segurança nacional, a adoção do conceito de segurança cidadã. Muito mais que uma estratégia de publicidade ou uma simples mudança de nome, ela reflete uma mudança de paradigma. Ela parte da premissa de que os problemas que afetam a segurança da comunidade, e a violência policial é um deles, devem ser amplamente discutidos por todos, não só por autoridades governamentais. A transparência surge como imprescindível fator na busca de soluções. Nesse sentido, a *Political Database of the Americas* (PDBA), uma organização não governamental ligada ao Centro de Estudos para a América Latina da *Georgetown University*, salienta que:

A segurança cidadã reconhece que transparência e responsabilidade são elementos-chave para a governabilidade democrática. Deste modo, a segurança cidadã requer serviços públicos efetivos que operem de acordo com princípios de gestão, transparência e responsabilidade das autoridades civis (PDBA, 2008, p. 1).

Cabe destacar que, sob a ótica dessa nova doutrina, delineia-se uma nova noção de segurança humana, tida "como a busca pela segurança fundada no fortalecimento das instituições democráticas e do Estado de Direito" (Velasquez, 2002, p. 6).

Com ela, reforça-se a ideia de que a busca por soluções para a segurança pública não está dissociada da estrita observância às regras do jogo democrático e do Estado de Direito. Não há soluções mirabolantes e nenhuma circunstância pode ser suscitada para justificar a não observância da lei, principalmente por aqueles que detêm a função de zelar pelo seu cumprimento.

Referindo-se ao município de Bogotá, como exemplo de sucesso da aplicação do programa Segurança Cidadã, o autor destaca a existência de um conselho que, além de ser o local onde as discussões ocorriam, exerce uma espécie de monitoramento das atividades e projetos implementados; local em que "avaliava-se de maneira conjunta e permanente a política de segurança do Distrito Capital" (Velasquez, 2002, p. 16).

O autor ressalta que as soluções não foram mais impostas pelas autoridades. Pelo contrário, elas foram frutos de reuniões entre os vários atores sociais: autoridades dos governos local e nacional, membros da sociedade civil e representantes da polícia (Velasquez, 2002).

Cotejando esses dois exemplos mencionados, pode-se afirmar que uma das grandes diferenças existentes entre ambos é o acerto na dose da medida. O primeiro exemplo, como restou demonstrado, exagerou e, por isso, provocou mais insegurança e reprovação na sociedade. O segundo, da maneira como foi desenvolvido e na medida como suas ações foram implementadas, ocasionou mais tranquilidade às pessoas. Faz-se importante tecer algumas considerações sobre o princípio da proporcionalidade.

CAPÍTULO 29

O princípio da proporcionalidade – breves apontamentos

O Professor Canotilho (1999), numa breve e elucidativa análise, ensina que haverá a colisão de direitos quando se entender que na Constituição se protege simultaneamente dois valores ou bens que estejam em contradição concreta. Qual é a melhor solução? Como solucionar tal impasse? As restrições impostas pela lei ao gozo de determinados direitos fundamentais ferem o núcleo essencial de direitos fundamentais tutelados pela Constituição?

A solução para tais conflitos se dá, segundo o ilustre mestre, com a aplicação do princípio da proporcionalidade. Por meio do exercício de um juízo de ponderação, poder-se-á verificar, no caso concreto, dentro de determinadas situações, formas ou exercícios específicos dos direitos, a solução mais conforme ao conjunto dos valores constitucionais.

O que se deve "buscar é a máxima otimização da norma", visando a conseguir a maior efetividade do ato praticado com a menor restrição às garantias constitucionais (Marmelstein, 2008, p. 368).

Também conhecido por princípio da proibição de excesso, o princípio da proporcionalidade age como elemento moderador da ação do Estado, quer como freio quando este age em demasia, quer como propulsor quando age de modo insuficiente (Freitas, 1997).

Novamente, valendo-se dos ensinamentos de Canotilho (1999), verifica-se que o princípio da proporcionalidade constitui a medida adequada para a solução dos conflitos, exercendo relevante papel no controle da ação estatal, principalmente nas atividades que restringem a fruição dos direitos fundamentais e que possam violar o texto constitucional. Visa assim a "impedir a aniquilação de direitos fundamentais sem qualquer reserva de restrição autorizada pela Constituição Federal" (Silva, 2004, p. 2).

Como foi exposto, extrair-se-á dos exemplos mencionados e da breve explanação sobre o princípio da proporcionalidade, elementos úteis para a elaboração de proposta de educação em direitos humanos no Curso de Formação de Oficiais.

CAPÍTULO 30
Sobre a educação em direitos humanos

Autores como Schuler (2009) e Marcílio (2008) apontam a incompatibilidade existente entre violação de direitos humanos e o êxito de qualquer projeto de desenvolvimento nacional e de cidadania. Benevides (2011) ensina que não há como conceber democracia, tolerância, justiça, paz e direitos humanos como temas distintos e separados. Para a autora, não há como "imaginar democracia sem respeito aos direitos humanos, democracia com intolerância, seja de que tipo for, democracia sem justiça, e a justiça, como sabemos, é uma condição para a paz" (p. 2).

Constata-se que apesar da existência de uma extensa legislação no âmbito internacional e nacional sobre direitos humanos, as violações ocorrem de maneira constante e sistemática. Isso demonstra que há muito a ser feito para a sua efetiva implementação na prática e para que a defasagem, existente entre o plano teórico, leia-se os postulados, e o prático, ou seja, a dura realidade, seja superada.

Para Schuler, a saída perpassa pela implementação de uma política educacional emancipatória que:

> tem como princípios o combate à discriminação, a promoção de igualdade entre as pessoas, o fortalecimento dos canais de participação popular..., a proteção das crianças e adolescentes, homossexuais, afrodescendentes, mulheres, idosos e pessoas portadoras de deficiência..., o conhecimento dos direitos fundamentais, o respeito à pluralidade e à diversidade sexual, étnica, racial, cultural, de gênero e de crenças religiosas (Schuler, 2009, p. 132).

Em uma interessante análise sobre o ensino jurídico no Brasil, a autora afirma a importância da educação como "espaço de reflexão-ação" (p. 133) destinado à formação de indivíduos dotados de senso crítico que os levem a exercer um papel diferenciado na sociedade, objetivando produzir transformações em suas estruturas, uma vez que "a vida do direito é a luta, a luta de povos, de governos, de classes, de indivíduos (...)" (Ihering, 2003, p. 27, *apud* Schuler, 2009, p. 133).

A formação deve ser eclética no sentido de capacitar os profissionais a atuarem vinculados à realidade social em que vivem "através de uma prática consciente, crítica e militante" (Schuler, 2009, p. 135). Somente assim poder-se-á atribuir o caráter emancipatório ao ensino jurídico.

Atribuindo ao ensino jurídico um conteúdo jurídico-político, a autora conclui que:

> os direitos humanos são direitos históricos, ou seja, nascidos em certas circunstâncias, caracterizadas por lutas em defesa de novas liberdades contra velhos poderes, e nascidos de modo gradual, não todos de uma vez e nem de uma vez por todas" (Bobbio, 1992, p. 5 *apud* Schuler, 2009, p. 133).

A autora atribui à política educacional, na perspectiva da promoção e defesa dos direitos humanos, um importante papel na redução da violência e das violações a esses direitos. Para tanto, o ensino jurídico deve se despir daquela visão tecnicista, essencialmente jurídica e asséptica da sociedade, "possibilitando uma nova relação entre a técnica jurídica e a prática política" (p. 138).

Para Carbonari (2006), a educação em direitos humanos é um processo de formação permanente, realizada de dentro para fora, de respeito ao outro como ele é, de respeito à diferença e "de afirmação dos seres humanos como seres em dignidade e direitos (...)" (p. 141).

O autor alerta para a existência do que ele denomina de "visões comuns" dos direitos humanos que apresentam "noções fragmentadas, estagnadoras e elitistas" (p. 142) desses mesmos direitos.

As noções fragmentadas apresentam a ideia da existência de direitos de primeira e de segunda categoria, com o estabelecimento de prioridades para a sua implementação. Quebra-se assim o princípio da integralidade e da interdependência dos direitos humanos.

As noções estagnadoras depreciam o real significado do termo, associando os direitos humanos à proteção de criminosos e, como consequência, impõe sérios obstáculos à promoção e à implementação. Para Benevides (2011), salvo exceções, por associar o seu significado à proteção de marginais, os direitos humanos deixaram de despertar interesse das classes mais bem situadas da nossa sociedade, cujos membros à época da ditadura militar, por vivenciarem a situação de prisão, tortura e desaparecimento de familiares, clamavam, no passado por esses mesmos direitos. Essa posição ambígua acentua a diferenciação entre classes e contribui com o grave quadro de exclusão social.

As noções elitistas apregoam que direitos humanos são temas para especialistas no assunto, exclusivamente. Isso contribui para afastá-lo do cidadão comum, acarretando o seu mau entendimento.

Por deturparem o real sentido dos direitos humanos, essas noções levam a adoção de posturas pontuais e socorristas, toda vez que ocorre uma tragédia. Referem-se aos direitos humanos somente nessa ocasião e esquecem que eles estão presentes também em situação de normalidade, em que, aliás, devem ser evidenciados para evitar que as violações ocorram.

As posturas práticas dão maior ênfase à correção de procedimento ou de forma, do que do conteúdo da questão, desvirtuando sua análise e dificultando sua efetiva implementação. Destina-se a protelar sua implementação ou implementá-lo de forma superficial, sem atingir o foco do problema. Significa na verdade dar uma aparência de mudança, quando na realidade nada ocorreu.

Segundo o autor, essa posição:

> esquiva-se de afirmar a importância da sociedade civil e, ao mesmo tempo, também avançar no comprometimento do Estado como agente de direitos humanos. É fato que o Estado é visto como um grande violador, mas isso não o escusa de ser um agente realizador dos direitos humanos (Carbonari, 2006, p. 143).

A educação deve ser centrada na humanização do ser humano, entendendo suas contradições e suas diferenças numa reflexão crítica da realidade em que se insere.

O autor conclui que, para tanto, a educação não pode ser "apenas um agregado de conteúdos, competências e atitudes" (p. 147). Ela deve ser vocacionada à mudança, posto que "direitos humanos são, acima de tudo, reconhecimento dos seres humanos como sujeitos em dignidade – na diversidade e na universalidade" (Carbonari, 2006, p. 148).

O ensino deve, antes de tudo, privilegiar a experiência entendida como aquele manancial de conhecimentos que cada indivíduo possui e que permite, sem sombra de dúvidas, que o discurso teórico seja, efetivamente, um reflexo da vida real (Benjamin, 1986).

Para o autor, a experiência é o elo que nos une ao passado, que permite a transmissão do conhecimento. Se formos subtraídos, por algum motivo, do contato com ela, só restará assumir a pobreza, que resultará num novo tipo de barbárie. Por fim, conclui o autor:

> Barbárie? Sim. Respondemos afirmativamente para introduzir um novo e positivo conceito de barbárie. Pois, o que resulta para o bárbaro dessa pobreza de experiência? Ela o impede de partir para frente, a começar de novo, a contentar-se com pouco, a construir com pouco, sem olhar para a esquerda nem para a direita (Benjamin, 1986, p. 116).

Um balanço crítico da educação em Direitos Humanos na década de 1990, realizado pelo Instituto Interamericano de Direitos Humanos – IIDH, com sede na Costa Rica, concluiu que:

> A cultura escolar se encontra, muitas vezes, tão "engessada", pensada de uma maneira tão rígida e monolítica, que, dificilmente, deixa espaço para que a cultura dos Direitos Humanos possa penetrá-la. Na maior parte das vezes, o máximo que se consegue, é introduzir

no currículo formal alguns conteúdos. Outra coisa se torna muito difícil, pois a maneira de se conceber a cultura escolar já, de alguma forma, entra em choque com a cultura dos Direitos Humanos (Candau, 2011, p. 404).

Decorridas duas décadas verifica-se, na prática, que pouca ou nenhuma evolução houve nesse quadro.

CAPÍTULO 31
Uma nova concepção de educação em direitos humanos no Curso de Formação de Oficiais

É possível afirmar que, da maneira como é desenvolvida atualmente, a educação em direitos humanos no Curso de Formação de Oficiais, não cumpre adequadamente o papel que dela se espera. As entrevistas como os ex-policiais militares demonstram muito bem isso.

Dos exemplos estudados, extrai-se a necessidade de maior participação da sociedade civil para que a educação em direitos humanos se desenvolva, exatamente dentro do perfil crítico que dela se espera. A sociedade, para utilizar uma expressão de mercado, é o principal cliente dos serviços da polícia e, como tal, deve se fazer presente na formulação de planos e ações.

A transparência e a participação popular são dois fatores indispensáveis para o êxito na educação em direitos humanos dos jovens oficiais da Polícia Militar.

Segundo o artigo XXVI da Declaração Universal dos Direitos Humanos, à educação é reservado um papel essencial: o fortalecimento do respeito aos direitos humanos e a promoção da compreensão, da tolerância e da amizade entre todos.

Para Béo, Sales & Almeida (2008), esse artigo "estabelece o vínculo entre educação, tolerância e não discriminação, determinando que o ambiente educacional deve fortalecer esses valores e propiciar o pleno desenvolvimento da pessoa humana" (p. 123).

O Programa de Ação da Convenção de Viena sobre os Direitos Humanos reserva papel destacado à educação. No item 24, destaca que:

> Os Estados têm uma obrigação de adotar e manter medidas adequadas em nível nacional, sobretudo nos domínios da educação, (...), com vista à promoção e proteção dos direitos das pessoas pertencentes a sectores vulneráveis das suas populações (...) (p. 7).

No item 33, estabelece que:

A educação deverá promover a compreensão, a tolerância, a paz e as relações amistosas entre as nações e todos os grupos raciais ou religiosos, e encorajar o desenvolvimento de atividades das Nações Unidas na prossecução destes objetivos. Assim, a educação em matéria de Direitos Humanos e a divulgação de informação adequada, tanto teórica como prática, desempenham um papel importante na promoção e no respeito dos Direitos Humanos em relação a todos os indivíduos, sem distinção de qualquer tipo, nomeadamente de raça, sexo, língua ou religião, devendo isto ser incluído nas políticas educacionais, quer em nível nacional, quer internacional. A Conferência Mundial sobre Direitos Humanos observa que as limitações de recursos e a falta de adequação das instituições podem impedir a imediata concretização destes objetivos (p. 9).

O item 68 salienta a necessidade de haver coerência entre qualquer plano ou programa de ação desenvolvidos pelo governo e seus fins, para que possam contemplar, por completo, a promoção e a proteção dos direitos humanos. Para tanto ele estabelece, no que diz respeito à formação dos funcionários, que "a educação alargada e a informação ao público destinados a promover o respeito pelos Direitos Humanos, deverão ser disponibilizados enquanto componentes destes programas" (p. 18).

Por fim, no item 78, considera:

> que o ensino, a formação e a informação ao público em matéria de Direitos Humanos são essenciais para a promoção e a obtenção de relações estáveis e harmoniosas entre as comunidades, bem como para o favorecimento da compreensão mútua, da tolerância e da paz (p. 20).

O Programa Estadual de Direitos Humanos prevê a criação de uma "comissão para elaborar e sugerir material didático e metodologia educacional" (p. 6), com competência para desenvolver "programas de informação e formação para profissionais do direito, policiais civis e militares (...), segundo a qual o respeito à igualdade supõe também reconhecimento e valorização das diferenças entre indivíduos e coletividade" (p. 6).

No tocante à promoção da cidadania e medidas contra a discriminação, o Programa Estadual de Direitos Humanos incentiva "a formação de parcerias entre Estado e sociedade na formulação, implementação, monitoramento e avaliação de políticas e programas de direitos humanos" (p. 23). Também prevê a elaboração de "indicadores básicos para monitoramento e avaliação de políticas de direitos humanos e da qualidade de programas/projetos relativos aos direitos humanos" (p. 23).

O Programa Nacional de Direitos Humanos, da maneira idêntica, também prevê a adoção de medidas de apoio às "ações da sociedade civil que fazem acompanhamento, controle social e monitoramento das políticas públicas de Direitos Humanos" (p. 25).

Ele também recomenda aos Estados a adoção de medidas para:

> Incentivar a criação e investir no fortalecimento dos Comitês de Educação em Direitos Humanos em todos os estados e no Distrito Federal, como órgãos consultivos e propositivos da política de educação em Direitos Humanos (p. 152).

No Protocolo Facultativo à Convenção Contra a Tortura, aprovado pela Organização das Nações Unidas em 18 de dezembro de 2002 e promulgado pelo governo brasileiro, por meio do Decreto nº 6085 de 19 de abril de 2007, há a previsão da criação do mecanismo nacional de prevenção da tortura, responsável pelo monitoramento dos locais de detenção.

Para o cumprimento de suas missões, o Protocolo Facultativo estabelece alguns requisitos a serem observados na composição a na atuação de seus membros, a saber:

• independência funcional (artigo 18): seus membros não podem manter vínculo funcional ou de subordinação com as autoridades do Estado. Justamente para garantir uma atuação isenta. Como bem acentua o Relatório Sobre a Tortura, elaborado pela Pastoral Carcerária (2010), "Do mesmo modo, os integrantes devem ser pessoas com conhecimentos e capacidades apropriados em relação aos direitos humanos (...)" (p. 61);

• acesso irrestrito aos locais de detenção (artigo 20): há liberdade de escolha dos locais a serem visitados, bem como essas visitas poderão ser feitas sem a necessidade de aviso prévio. É garantido livre acesso aos detentos para a realização de entrevistas, de caráter reservado;

• acesso a todas as informações (artigos 14 e 20): para que possa ter pleno conhecimento da situação;

• realização de visitas de maneira periódica (artigo 19) e elaboração de relatórios e recomendações às autoridades (artigos 19 e 20): propondo a adoção de medidas necessárias para a solução do problema constatado.

É nesse cenário que se deve pensar a educação em direitos humanos no Curso de Formação de Oficiais. Para tanto, urge a necessidade de mudança da atual realidade.

CONCLUSÃO

Foi demonstrado no presente livro que, no tocante aos direitos humanos, há um evidente descompasso entre o que é ensinado nos bancos escolares, a prática operacional diária dos policiais militares e os anseios da sociedade. Diante dessa constatação, será proposta uma nova concepção de educação em direitos humanos para o Curso de Formação de Oficiais da Polícia Militar do Estado de São Paulo.

A educação em direitos humanos deve ser capaz de conjugar o valor da experiência vivenciada por todos os indivíduos, incluindo cada um deles em particular; a solidariedade para despertar o sentimento de respeito e de acolhimento do outro, notadamente o mais fraco; a sensibilidade para captar, nas diferenças, elementos de afirmação do todo; e, sobretudo a postura de indignação perante todas as formas de injustiça, o que servirá de força motriz para a realização de mudanças efetivas (Carbonari, 2006).

Além da necessidade de ampliar a carga horária destinada à disciplina de Direitos Humanos, no Curso de Formação de Oficiais, uma vez que, atualmente o estabelecido é demasiado reduzido e, portanto, está aquém das reais necessidades, há a urgência na revisão dos temas e seus respectivos conteúdos programáticos para que sejam adequados à nossa realidade social, a qual os jovens desconhecem quando, após a formatura, são designados para trabalhar nas unidades operacionais. Só assim será possível atingir qualquer mudança na formação dos policiais.

Nesse contexto se sugere a ampliação das atividades escolares para que os mais variados segmentos da sociedade possam participar do processo de formação dos jovens alunos oficiais. A convivência, durante o período de formação, entre o ensino teórico e a realidade social é de vital importância para a formação do jovem oficial.

Face ao constatado, propõe-se a inclusão, na grade curricular, de temas vitais como: o preconceito, a tortura, as questões de gênero, inclusive a temática da violência contra as mulheres, a homofobia, o direito das pessoas com deficiência, do idoso, a questão dos refugiados nacionais e internacionais, os direitos dos povos indígenas, a solução pacífica de conflitos, entre outras.

Propõe-se também ampliação na carga horária dos estágios realizados pelos alunos oficiais. Atualmente, eles são realizados no terceiro e quarto anos, contudo, seria importante a realização desde o primeiro ano do curso, justamente para que o aluno tenha contato com a realidade da atividade operacional durante toda sua formação.

Em nome da verdade e da transparência propõe-se a abordagem da questão da corrupção e da violência policial, incluindo as denominadas ocorrências de "resistência seguida de morte", com base na experiência de casos, de denúncias e de relatos.

Importante ênfase deve ser conferida à real dimensão dos poderes a que os jovens oficiais estão investidos, principalmente quanto aos seus limites, posto que eles devem ter a consciência de que não são dotados de superpoderes. As entrevistas com os ex--policiais militares demonstraram exatamente isso.

Tomando por base o funcionamento das visitas de monitoramento, realizadas dentro do previsto no mecanismo nacional de prevenção, estabelecido no Protocolo Facultativo à Convenção da Tortura, propõe-se a criação de uma comissão responsável pela educação em direitos humanos no Curso de Formação de Oficiais. Um exemplo dessa atuação é fornecido pelos agentes da Pastoral Carcerária, nas visitas aos estabelecimentos prisionais.

Propõe-se que essa comissão seja composta por membros da sociedade civil, sem vínculo com a administração pública. Seus membros deverão ter pleno conhecimento da temática de direitos humanos, tanto teórico, como prático, posto que a experiência em cada área específica é de vital importância. Nas entrevistas com os ex-policiais militares, realizadas neste trabalho, verificou-se que eles desconheciam a realidade com que iriam deparar no dia a dia do trabalho operacional, após a formatura.

Essa comissão, cuja atuação independente deverá ser uma das suas características essenciais, deverá ter amplos poderes para decidir sobre a contratação e a substituição de docentes civis e policiais militares; bem como para elaborar a grade curricular, com a adequada carga horária necessária e com os adequados temas a serem explorados nas aulas e em seus conteúdos programáticos.

Da mesma maneira, a comissão deverá ser responsável pela elaboração de todo o currículo da disciplina de Direitos Humanos do Curso de Formação de Oficiais, pelas avaliações do corpo discente, com o fito de garantir o controle social sobre o aprendizado do aluno. Também deverá ser responsável pela realização da avaliação do corpo docente, com liberdade para adotar as medidas corretivas necessárias. Para tanto, tal comissão deverá ter ampla liberdade de ação, podendo ter acesso à documentação referente à disciplina Direitos Humanos e inclusive realizar visitas de monitoramento das aulas.

Tendo como modelo o Programa de Ação da Declaração de Viena sobre os Direitos Humanos, o Programa Nacional e o Programa Estadual de Direitos Humanos que preveem, em vários dispositivos, a realização de ações que visem ao estabelecimento de parcerias com a sociedade; a criação de comissão para realizar o monitoramento dos programas de direitos humanos, o estabelecimento de medidas que possibilitem o controle social, bem como a elaboração de indicadores básicos de avaliação e acompanhamento das políticas nessa questão; propõe-se a criação da comissão.

Porém, propõe-se que essa comissão seja instituída por lei, após amplo debate no poder legislativo estadual, inclusive com a realização de audiências públicas. A transparência e a participação da sociedade são vitais nesse processo.

Para finalizar, Platão estabelece a supremacia da verdade e do equilíbrio na formação do guardião da cidade. Aristóteles confere a ele papel de destaque na sociedade, o que enseja maiores cuidados na sua formação. Adorno, por sua vez, alerta para o importante papel a ser desenvolvido pela educação, para que Auschwitz, e tudo o que ele representou, não se repita.

Compete a todos, autoridades, integrantes da polícia e à sociedade civil, efetivamente, trabalhar para que isso ocorra.

REFERÊNCIAS BIBLIOGRÁFICAS

Ackerman, N. M.; Jahoda, M. *Distúrbios emocionais e antissemitismo.* São Paulo, Perspectiva, 1969.

Adão, W. L. *Comunicação pessoal.* Curitiba, 2011.

Adorno, T. *Educação após Auschwitz.* Disponível em: <www.ceunes.ufes.br>. Acesso em 06 mai. 2010.

Agamben, G. *Estado de exceção.* São Paulo, Boitempo, 2004.

_____. *Homo Sacer. O poder soberano e a vida nua – I.* Belo Horizonte, Editora UFMG, 2004.

Alston, P. *Polícia brasileira tem "carta branca para matar", segundo a ONU.* Disponível em: < www.uolnews.com.br>. Acesso em 19 set. 2008.

_____. *ONU: Execuções sumárias continuam em grande escala no Brasil.* Disponível em: <www.global.org.br>. Acesso em 10 out. 2011.

Alves, J. A. L. O sistema internacional de proteção dos direitos humanos e o Brasil. In: *Os direitos humanos como tema global.* São Paulo, Perspectiva, 2007.

_____. O significado político da conferência de Viena sobre direitos humanos. In: *Os direitos humanos como tema global.* São Paulo, Perspectiva, 2007.

_____. Soberania e Direitos Humanos. In: *Os direitos humanos como tema global.* São Paulo, Perspectiva, 2007.

Amaral, U. M. M. *Comunicação pessoal.* Porto Alegre, 2011.

Arantes, M. A. A. C. Violência, massacre, execuções sumárias e tortura. In: *Tortura.* Brasília, SEDH/Coordenação Geral de Combate à Tortura, 1 ed., 2010.

Arendt, H. Que é Autoridade. In: *Entre o passado e o futuro*. São Paulo, Perspectiva, 1979.

Aristóteles. *The politics*. Cambridge, Reino Unido, University Press, 1996.

_____. *Ética a Nicômano*. São Paulo, Edipro, 2009.

Balestreri, R. B. Qualificar o processo qualificando a pessoa. In: *Direitos humanos coisa de polícia*. Porto Alegre, Capec, 2003.

Barbosa, M. A. Aspectos relativos aos direitos humanos e suas violações, da década de 1950 à atual e o processo de redemocratização. In: *Tortura*. Brasília, SEDH/ Coordenação Geral de Combate à Tortura, 1ed., 2010.

Barros, C.C. *Fundamentos filosóficos e políticos da inclusão escolar: um estudo sobre a subjetividade docente*. (Tese). Instituto de Psicologia da USP, 2009.

Basaglia, F. O. Exclusão/integração. In: *Enciclopédia Enaudi: inconsciente – normal/anormal*. Edição Portuguesa, Imprensa Nacional – Casa da Moeda, v.23, 1994.

Bava, S.C. As muitas violências. *Le Monde Diplomatique*. São Paulo, ago. 2010, ano 4, n. 37.

Béo, C. R.; Sales, D. N.; Almeida, G. A. Apresentação. In: *Declaração universal dos direitos humanos comentada para o cidadão*. São Paulo, Imprensa Oficial, 2008.

Beccaria, C. Da Tortura. In: *Dos delitos e das penas*. São Paulo, Hemus, 1983.

Belli, B. *Violência policial e segurança pública: democracia e continuidade autoritária no Brasil contemporâneo*. Unimep, Piracicaba, 2004. Disponível em: <www.unimep.br>. Acesso em 25 set. 2011.

Benevides, M. V. M. *Cidadania e direitos humanos*. Instituto de Estudos Avançados da Universidade de São Paulo. São Paulo. Disponível em: <www.iea.usp.br/artigos>. Acesso em 24 ago. 2010.

_____. Tortura no Brasil, uma herança maldita. In: *Tortura*. Brasília, SEDH/ Coordenação Geral de Combate à Tortura, 1ed., 2010.

Benjamin, W. O narrador. In: *Obras escolhidas: magia e técnica, arte e política*. São Paulo, Brasiliense, 1986.

_____. Experiência e pobreza. In: *Obras escolhidas: magia e técnica, arte e política*. São Paulo, Brasiliense, 1986.

Bobbio, N. *A era dos direitos*. Rio de Janeiro, Campus, 1992.

_____. *Dicionário de política*. Brasília, UnB, 2004. Cd-Rom.

_____. *Estado, governo e sociedade*. Rio de Janeiro, Paz e Terra, 1990.

_____. A natureza do preconceito. In:_____. *Elogio da serenidade e outros escritos morais*. São Paulo, Unesp, 2002.

_____. Elogio da serenidade. In:_____. *Elogio da serenidade e outros escritos morais*. São Paulo, Unesp, 2002.

_____. Os deuses que fracassaram (algumas considerações sobre o problema do mal). In:_____. *Elogio da serenidade e outros escritos morais*. São Paulo, Unesp, 2002.

_____. A democracia e o poder invisível. In:_____. *O futuro da democracia, uma defesa das regras do jogo*. Rio de Janeiro, Paz e Terra, 1984.

CCAPA. The Patriot Act in a Nutshell. The Associated Press, Knight-Ridder Newspapers. Disponível em: <www.scn.org/ccapa/pa-meta.htm>. Acesso em 26 de jun. de 2011.

Cahil, T. *Relatório da anistia internacional crítica violência policial no Brasil*. Rio de Janeiro, 2010. Disponível em: <www.torturanuncamais-rj.org.br>. Acesso em 05 jan. 2011.

Camilo, A. B. *Discurso de posse do comando geral da polícia militar*. São Paulo, 2009.

Candau,V. M. *Educação em direitos humanos: fundamentos teórico-metodológicos*. Disponível em: <www.dhnet.org.br>. Acesso em 15 de ago. de 2011.

Candido, A. *A verdade da repressão*. Disponível em: <www.google.com.br>. Acesso em 22 mar. 2011.

Canneti, E. A expectativa da ordem. In: _____. *Massa e poder*. São Paulo, Companhia das Letras, 1995.

Canotilho, J. J. G. *Direito constitucional e teoria da constituição*. 3 ed. Coimbra, Livraria Almedina, 1999.

Carbonari, P. C. Educação em direitos humanos: esboço de reflexão conceitual. In: Bittar, E. C. B. (org.) *Direitos humanos no século XXI. Cenários de tensão*. Rio de Janeiro, Forense Universitária, 2009.

Carrol, S. La tortura como instituición. In: _____. *Tortura; informe de amnistía internacional*. Madrid, Editorial Fundamentos, 1984.

_____. El argumento moral. In: _____. *Tortura; informe de amnistía internacional*. Madrid, Editorial Fundamentos, 1984.

_____. El ciclo de la tortura. In: _____. *Tortura; informe de amnistía internacional*. Madrid, Editorial Fundamentos, 1984.

Castro, C. R. S. Apresentação. In:Tabaki, F.;Verucci, F. *A difícil igualdade: os direitos da mulher como direitos humanos*. Rio de Janeiro, Relume--Dumará, 1994.

Código de conduta para os funcionários responsáveis pela aplicação da lei. Resolução nº 34/109. Assembleia Geral da ONU, 17 dez. 1979. Disponível em: <www.egov.ufsc.br>. Acesso em 01 set. 2011.

Conjunto de princípios para a proteção de todas as pessoas sujeitas a qualquer forma de detenção ou prisão. Resolução nº 43/173. Assembleia Geral da ONU, 09 dez. 1988. Disponível em: <www.egov.ufsc.br>. Acesso em 02 set. 2011.

Convenção relativa aos direitos das crianças. Resolução nº 44. Assembleia Geral da ONU, 20 nov. 1989. In: Bittar, E. C. B.; Almeida, G. A. *Minicódigo de direitos humanos.* São Paulo, Juarez de Oliveira, 2008.

Convenção contra a tortura e outros tratamentos ou penas cruéis, desumanos ou degradantes. Resolução nº 39/46 Assembleia Geral da ONU, 10 dez. 1984. In: _____. *Minicódigo de direitos humanos.* São Paulo, Juarez de Oliveira, 2008.

Comparato, F. K. *A afirmação histórica dos direitos humanos.* São Paulo, Saraiva, 1999.

_____. A tortura no direito internacional. In: *Tortura.* Brasília, SEDH/ Coordenação Geral de Combate à Tortura,1 ed., 2010.

Crochik, J. L. *Preconceito: indivíduo e cultura.* São Paulo, Casa do Psicólogo, 2006.

Dallari, D. A. Dificuldades para a implementação dos direitos humanos. In: Bittar, E. C. B. *Direitos humanos no século XXI: cenários de tensão.* São Paulo, Forense Universitária, 2009.

De cada 5 assassinatos registrados na cidade de São Paulo, 1 é de autoria da PM. Disponível em: <www.g1.com>. Acesso em 04 set. 2011.

Declaração e programa de ação de Viena. Conferência mundial sobre direitos humanos. Disponível em: <www.oas.org>. Acesso em 25 out. 2011.

Descamps, C. Normal/anormal. In: *Enciclopédia Enaudi: inconsciente – normal/anormal.* Edição Portuguesa, Imprensa Nacional – Casa da Moeda, v.23, 1994.

Diniz, R. A. *Discurso de passagem do comando geral.* São Paulo, 2009.

Endo, P. C. Tortura: aspectos psicológicos. In: *Revista Polêmica*. Rio de Janeiro, UERJ, 2006. Disponível em: <www.polemica.uerj.br/pol16/oficinas/lipis_3.htm>. Acesso em 27 set. 2011.

Esquivel, A. P. Prefacio. In: Mosca, J. J.; Aguirre, L. P. *Derechos humanos: pautas para una educación libertadora*. Uruguai, Mosca Hnos S.A, 1985.

Feijó, M. *Jovens pobres no centro da violência urbana*. Disponível em: <www.puc-riodigital.com.puc-rio.br>. Acesso em 08 set. 2011.

Fernandes, W. *Comunicação pessoal*. São Paulo, 2011.

França, R. F. *Discurso de posse do comando geral da Polícia Militar*. São Paulo, 2012.

Freitas, J. *O controle dos atos administrativos e os princípios fundamentais*. São Paulo, Malheiros, 1997.

Gordon, D. The justice juggernaut: fighting street crime, controlling citizens. New Brunswick, N. J.: Rutdgers University Press, 1990 apud Huggins, M. K.; Fatouros, M. H.; Zimbardo, P. G. *Operários da violência: policiais torturadores e assassinos reconstroem as atrocidades brasileiras*. Brasília, UnB, 2006.

Gourhan, A. L. *Evolution et technique*. Paris, Albin Michel, 1973 apud Romano, R. O Homem X. In: _____. *Ponta de lança*. São Paulo, Lazuli, 2006.

Hirschman, A. *Saída, voz e lealdade*. São Paulo, Perspectiva, 1973.

Huggins, M. K.; Fatouros, M. H.; Zimbardo, P. G. *Operários da violência: policiais torturadores e assassinos reconstroem as atrocidades brasileiras*. Brasília, UnB, 2006.

Identificados 10 PMs acusados de molestarem baleados em vídeo. Disponível em: <www.uolnews.com.br>. Acesso em 25 ago. 2011.

Ihering, R. A luta pelo direito. São Paulo, Revista dos Tribunais, 2003 apud Schuler, F. R. A formação para os direitos humanos: uma nova perspectiva para o ensino jurídico?. In: Bittar, E. C. B. (org.) *Direitos humanos no século XXI. Cenários de tensão.* Rio de Janeiro, Forense Universitária, 2009.

Instrução para correspondência na polícia militar (i-7-pm). 7 ed. São Paulo, PMESP, 2006.

Informe 2010 – Anistia Internacional: o estado dos direitos humanos no mundo. Disponível em: <www.midiaindependente.org>. Acesso em 9 mar. 2011.

Inquérito culpa exército britânico por morte brutal de iraquiano. Disponível em: <www.uol.com.br>. Acesso em 08 set. 2011.

Kant, I. *Categorical imperative.* Disponível em: <www.google.com.br>. Acesso em: 29 ago. 2008.

_____. Resposta à pergunta: que é o Iluminismo? In: _____. *A paz perpétua e outros opúsculos.* Lisboa, Edições 70, 1992.

_____. Scritti politici e di filosofia della storia e del diritto. Torino, Utet, 1956 apud Bobbio, N. A democracia e o poder invisível. In:_____. *O futuro da democracia, uma defesa das regras do jogo.* Rio de Janeiro, Paz e Terra, 1984.

Kolker, T. Tortura e Impunidade – danos psicológicos e efeitos de subjetivação. In: *Tortura.* Brasília, SEDH/Coordenação Geral de Combate à Tortura, 1 ed., 2010.

Lafer, C. Bobbio: dignidade, rigor e ética. In: *Desafios: ética e política.* São Paulo, Siciliano, 1993.

_____. Prefácio. In: Alves. J. A. L. *Os direitos humanos como tema global*. São Paulo, Perspectiva, 2007.

_____. A declaração universal dos direitos humanos – sua relevância para a afirmação da tolerância e do pluralismo. In: Marcílio, M. L. A. (org.) *A declaração universal dos direitos humanos sessenta anos – sonhos e realidades*. São Paulo, Edusp, 2008.

_____. Prefácio à edição brasileira. Bobbio e as relações internacionais. In: Bobbio, N. *O terceiro ausente. Ensaios e discursos sobre a paz e a guerra*. Barueri, Manole, 2009.

Lukes, S. *Five fables about human rights: the Oxford amnesty lectures*. New York, Basic, 1993.

Manso, B. P. *O homem X. Uma reportagem sobre a alma do assassino em São Paulo*. Rio de Janeiro, Record, 2005.

Marcílio, M. L. Fundamentos dos Direitos Humanos. In: *Ciclo de palestras "Filosofia, sociedade e direitos humanos, homenagem a Goffredo Telles Junior"*. São Paulo, Palestra de abertura, 2008.

_____. A declaração universal dos direitos humanos – primado da dignidade humana e do bem comum. In:_____. (org.) *A declaração universal dos direitos humanos sessenta anos – sonhos e realidades*. São Paulo, Edusp, 2008.

Marmelstein, G. *Colisão de direitos fundamentais*. In: Curso de direitos fundamentais. São Paulo, Atlas, 2008.

Marrey, L. A. G. Apresentação. In: Béo, C. R.; Sales, D. N.; Almeida, G. A. *Declaração universal dos direitos humanos comentada para o cidadão*. São Paulo, Imprensa Oficial, 2008.

Marcuse, H. *A grande recusa hoje*. Petrópolis, Vozes, 1999.

Mike. *Comunicação pessoal.* São Paulo, 2011.

Montesquieu. Prefácio. In:_____. *Do espírito das leis.* São Paulo, Martin Claret, 2009.

Moraes, A. *Direito constitucional.* São Paulo, Atlas, 1997, 620p.

_____. (org.) *Constituição da república federativa do Brasil.* 29 ed. São Paulo, Atlas, 2008.

_____. *Direitos humanos fundamentais. Teoria geral. Comentários aos arts. 1º a 5º da constituição da república federativa do Brasil. Doutrina e jurisprudência.* São Paulo, Atlas, 1998.

Moreno, J. D. *Mind wars: brain research and national defense.* New York, Dana Press, 2006.

Moser, C.; Rech, D. (orgs). *Direitos humanos no Brasil.* Rio de Janeiro, Mauad, 2004.

Mourão, J. C. Só nos resta a escolha de Sofia? In: *Tortura.* 1 ed. Brasília, SEDH/ Coordenação Geral de Combate à Tortura, 2010.

Neto,T. D. *Policiamento comunitário e controle sobre a polícia. A experiência norte-americana.* São Paulo, Lumen Juris, 2003.

_____. Policiamento comunitário: nova polícia ou mera maquiagem? In: *Policiamento comunitário. Experiências no Brasil 2000-2002.* São Paulo, Página Viva, 2002.

_____. The police subculture. In:_____. *Police accountability and community policing: dissertação* (Mestrado em Direito) – Law School. Madison, University of Wisconsin, 1992.

NEV – Núcleo de Estudos da Violência. Casos registrados como resistência seguida de morte e resistência seguida de lesão corporal em ações policiais envolvendo policiais militares (2000-2011) Estado de São Paulo. Disponível em: <www.nevusp.org>. Acesso em 27 set. 2011.

Pacto Internacional de Direitos Civis e Políticos. Disponível em: <www.portal.mj.gov.br>. Acesso em 01 set. 2011.

PDBA – The Political Database Of The Americas. Democracia e segurança cidadã. Disponível em: <www.pdba.georgetown.ed>. Acesso em 21 set. 2011.

Peres, J. F. P. et al. Police officers under attack: resilience implications of an fmri study. In: *Journal of Psychiatric Research*. v. 45, issue 6, 2011. Disponível em: <www.journalofpsychiatricresearch.com>. Acesso em 30 out. 2011.

Pinheiro, P. S. A genealogia e o legado de Viena. Revista de Direitos Humanos. Brasília, SEDH, 2010, n. 5. Disponível em: <http://www.direitoshumanos.gov.br/biblioteca/serie-revista-direitos--humanos>. Acesso em 29 jun. 2011.

_____. Prefácio: A democracia é incompatível com a tortura. In: *Relatório sobre a tortura: uma experiência de monitoramento dos locais de detenção para a prevenção da tortura*. São Paulo, Pastoral Carcerária – Serviço da CNBB, 2010.

Piovesan, F. *Direitos humanos e o direito constitucional internacional*. São Paulo, Max Limonad, 2002.

_____. *Direitos humanos e justiça internacional*. São Paulo, Saraiva, 2006.

_____. *Tratados internacionais de proteção dos direitos humanos: Jurisprudência do STF*. Disponível em: <www.google.com.br>. Acesso em 30 ago. 2008.

_____. *A constituição de 1988 e os tratados internacionais de proteção dos direitos humanos*. Disponível em: <www.google.com.br>. Acesso em 30 ago. 2008.

Piza, P.T. *Cadeirante é agredido por delegado que estacionou em vaga exclusiva*. Disponível em: <www.globo.com>. Acesso em 20 jan. 2011.

Planejamento Estratégico (2008 – 2011). São Paulo, PMESP, 2007.

Platão. *A república*. São Paulo, Perspectiva, 2006.

_____. *As leis*. São Paulo, Edipro, 2010.

Princípios básicos sobre o uso da força e de armas de fogo pelos funcionários responsáveis pela aplicação da lei. Adotado pelo Oitavo Congresso das Nações Unidas para a Prevenção do Crime e o Tratamento dos Delinquentes. Disponível em: <www.lgdh.org>. Acesso em 31 jul. 2011.

Princípios básicos sobre o uso da força e de armas de fogo. In: Rover, C. *Conduta ética e legal na aplicação da lei. Para servir e proteger. Direitos humanos e direito internacional humanitário para forças policiais e de segurança*. Genebra, Comitê Internacional da Cruz Vermelha, 1998.

Princípios relativos a uma prevenção eficaz e à investigação das execuções extrajudiciais, arbitrárias e sumárias. In: *Direitos humanos na administração da justiça – prevenção e punição da tortura e outras graves violações de direitos humanos*. Disponível em: <www.lgdh.org>. Acesso em 01 set. 2011.

Regulamento disciplinar da Polícia Militar do Estado de São Paulo. Lei Complementar nº 893, 09 mar. 2001. São Paulo, PMESP, 2001.

Relatório sobre a tortura: uma experiência de monitoramento dos locais de detenção para prevenção da tortura. Visitas aos locais de detenção pela Pastoral Carcerária: uma experiência de monitoramento. São Paulo, Pastoral Carcerária, Serviço da CNBB, 2010.

RJTV. *Motorista diz que foi espancado após recusar dar dinheiro a PMs*. Disponível em: <www.uolnews.com.br>. Acesso em 24 jul. 2010.

Romano, R. A democracia, o povo soberano e a *accountability*. In: _____.*Ponta de Lança*. São Paulo, Lazuli, 2006.

_____. O homem X. In: _____. *Ponta de Lança*. São Paulo, Lazuli, 2006.

Rover, C. *Conduta ética e legal na aplicação da lei. Para servir e proteger. Direitos humanos e direito internacional humanitário para forças policiais e de segurança*. Genebra, Comitê Internacional da Cruz Vermelha, 1998.

Saboia, G. V. *Um improvável consenso: a conferência mundial de direitos humanos e o Brasil*. São Paulo, Paz e Terra, n. 3, v. 2, 1994.

Sartre, J. P. Preface. In: Fanon, F. *Wretched of the Earth*. Disponível em: <www.pt.scribd.com>. Acesso em 02 jul. 2009.

Sarmento, L. *Em cinco anos, PM de São Paulo mata mais que todas as polícias dos EUA*. Disponível em: <direitodefesa.blogspot.com>. Acesso em 11 out. 2011.

Schuler, F. R. A formação para os direitos humanos: uma nova perspectiva para o ensino jurídico? In: Bittar, E. C. B. (org.) *Direitos humanos no século XXI. Cenários de tensão*. Rio de Janeiro, Forense Universitária, 2009.

Silva, R. P. *Algumas considerações sobre o princípio da proporcionalidade*. Disponível em: <www.jus.uol.com.br/revista>. Acesso em 28 jun. 2011.

Soares, L. E. A chacina e a desordem nas instituições da ordem. In: _____.*Legalidade libertária*. Rio de Janeiro, Lúmen Júris, 2011.

_____. Prefácio. In: Balestreri, R. B. *Direitos humanos coisa de polícia*. Porto Alegre, Capec, 2003.

Steve. *Comunicação pessoal*. São Paulo, 2011.

Talanyan, N. *The homeland security act: the decline of privacy; the rise of government secrecy*. Disponível em: <www.bordc.org/HSAsummary.pdf>. Acesso em 26 jun. 2011.

US PATRIOT Act (H.R. 3162). Oct. 26, 2001. Disponível em: <www.epic.org>. Acesso em 25 jun. 2011.

Velasquez, H. A. *Os governos locais e a segurança cidadã*. Disponível em: <www.rolim.com.br>. Acesso em 21 set. 2011.

Velten, P. *Introdução aos fundamentos dos direitos humanos nas cortes internacionais*. Disponível em: <www.google.com.br>. Acesso em 30 ago. 2008.

Verucci, F. *A mulher e o direito*. São Paulo, Nobel, 1987.

Vieira, M. *Comunicação pessoal*. Florianópolis, 2011.

Vizzoto, V. D. *A restrição de direitos fundamentais e o 11 de Setembro. Breve análise de dispositivos polêmicos do Patriot Act*. Disponível em: <www.jus.uol.com.br/revista>. Acesso em 25 jun. 2011.

Zagaroli, L. Many worry bill sacrifices freedom for more security. *Detroit News Washington Bureau*. Disponível em: <www.personal.unich.edu>. Acesso em 25 jun. 2011.

Zaluar, A. Agressão física e gênero: o público e o privado. In: *VI Congresso Português de Sociologia*. Universidade Nova de Lisboa – Faculdade de Ciências Sociais e Humanas, Lisboa, 2008. Disponível em: <http://www.aps.pt/vicongresso/pdfs/591.pdf>. Acesso em 08 set. 2011.

_____. *Hipermasculinidade leva jovem ao mundo do crime*. Folha de São Paulo, Rio de Janeiro, 2007. Disponível em: <www.ims.uerj.br/nupevi>. Acesso em 06 set. 2011.

ANEXO A
Currículo da Disciplina Direitos Humanos 2006-2009

Polícia Militar do Estado de São Paulo
Academia de Polícia Militar do Barro Branco

CURSO DE FORMAÇÃO DE OFICIAIS	
PLANO DIDÁTICO DE MATÉRIA	
MATÉRIA – 4º CFO	CARGA HORÁRIA
12 - DIREITOS HUMANOS	90 h/a

1. Objetivos

1.1. Proporcionar conhecimentos ao Al Of PM do 4º CFO sobre:

1.1.1. Direito Internacional dos Direitos Humanos e sua relação com o ordenamento jurídico brasileiro, especialmente voltado ao exercício das atividades de polícia ostensiva, preservação da ordem pública e defesa territorial afetas à Polícia Militar;

1.1.2. Aplicação dos princípios de Direitos Humanos durante o exercício das atividades afetas à Polícia Militar, mormente na aplicação de técnicas de intervenção policial de alto risco;

1.1.3. Inserir a temática da discriminação das comunidades vulneráveis no contexto nacional e discutir políticas de segurança pública que envolvam esta problemática.

2. Relação de Unidades Didáticas

Nº	Nomes das unidades didáticas	Carga horária
01	Direitos Humanos	75
02	Ações afirmativas e igualdade racial	15
	Total	90

3. Objetivos das Unidades Didáticas
3.1. Direitos Humanos

3.1.1. Proporcionar conhecimentos ao aluno sobre:

3.1.2. Direito Internacional dos Direitos Humanos e sua relação com o ordenamento jurídico brasileiro, especialmente voltado ao exercício das atividades de polícia ostensiva, preservação da ordem pública e defesa territorial afetas à Polícia Militar;

3.1.3. Aplicação dos princípios de Direitos Humanos durante o exercício das atividades afetas da Polícia Militar, mormente na aplicação de técnicas de intervenção policial de alto risco.

3.2. Ações afirmativas e igualdade racial

3.2.1. Inserir a temática da discriminação das comunidades vulneráveis no contexto nacional e discutir políticas de segurança pública que envolva esta problemática.

4. Conteúdo Programático
4.1. UD - 01 – Direitos Humanos

Relação de assuntos	Aval.	Método de Ensino	Material Didático	Car/Hor
Evolução histórica dos Direitos Humanos; Primeiros documentos de direito; Precedentes da internalização dos Direitos Humanos.	VC	ME TC MEG	Quadro branco Retro Multimídia	2
Declaração Universal dos Direitos Humanos; A organização das Nações Unidas; A Assembleia Geral, O Conselho de Segurança, O Conselho Econômico e Social, O Conselho de Tutela, O Secretariado, funções e atribuições da organização; Relacionamento entre a Declaração Universal dos Direitos Humanos e a Constituição Federal Brasileira.	VC VF	ME TC MEG	Quadro branco Retro Multimídia	4

(continua)

4.1. UD - 01 – Direitos Humanos *(continuação)*

Relação de assuntos	Aval.	Método de Ensino	Material Didático	Car/Hor
Princípios da Declaração Universal dos Direitos Humanos; Liberdade; Tráfico de pessoas; Condições de trabalho equitativas e humanas; Direito de asilo; Proteção das minorias; Nacionalidade; Extradição.	VC VF	ME TC MEG	Quadro branco Retro Multimídia	2
Princípios dos tratados internacionais de proteção dos direitos humanos ratificados pelo Brasil; Pacto Internacional sobre os Direitos Civis e Políticos (1966) e seus protocolos; Pacto Internacional sobre os Direitos Econômicos Sociais e Culturais (1966).	VC VF	ME TC MEG	Quadro branco Retro Multimídia	4
Análise do Código de Conduta para os Funcionários Responsáveis pela Aplicação da Lei – I.	VC VF	ME TC MEG	Quadro branco Retro Multimídia	2
Análise do Código de Conduta para os Funcionários Responsáveis pela Aplicação da Lei – II.	VC VF	ME TC MEG	Quadro branco Retro Multimídia	2
Análise do Código de Conduta para os Funcionários Responsáveis pela Aplicação da Lei – III.	VC VF	ME TC MEG	Quadro branco Retro Multimídia	2
Análise dos Princípios Básicos sobre o Uso da Força e Armas de Fogo pelos Funcionários Responsáveis pela Aplicação da Lei – I.	VC VF	ME TC MEG	Quadro branco Retro Multimídia	3
Análise dos Princípios Básicos sobre o Uso da Força e Armas de Fogo pelos Funcionários Responsáveis pela Aplicação da Lei – II.	VC VF	ME TC MEG	Quadro branco Retro Multimídia	3
Análise dos Princípios Básicos sobre o Uso da Força e Armas de Fogo pelos Funcionários Responsáveis pela Aplicação da Lei – III.	VC VF	ME TC MEG	Quadro branco Retro Multimídia	3
Análise do Conjunto de Princípios para a Proteção de Todas as Pessoas Sujeitas a Qualquer Forma de Detenção ou Prisão – I.	VC VF	ME TC MEG	Quadro branco Retro Multimídia	2

(continua)

4.1. UD - 01 – Direitos Humanos *(continuação)*

Relação de assuntos	Aval.	Método de Ensino	Material Didático	Car/Hor
Análise do Conjunto de Princípios para a Proteção de Todas as Pessoas Sujeitas a Qualquer Forma de Detenção ou Prisão – II.	VC VF	ME TC MEG	Quadro branco Retro Multimídia	2
Os Direitos Humanos no ordenamento jurídico brasileiro aplicado ao exercício das atividades de polícia ostensiva, preservação da ordem pública e defesa territorial afetas à Polícia Militar.	VC VF	ME TC MEG	Quadro branco Retro Multimídia	2
Proibição da Tortura.	VC VF	ME TC MEG	Quadro branco Retro Multimídia	3
Aplicação da Lei no caso de grupos vulneráveis; violência contra a mulher, crianças e adolescentes; violência doméstica, estatística, organização de apoio e atendimento de ocorrências.	VC VF	ME TC MEG	Quadro branco Retro Multimídia	8
Policial Militar – Promotor dos Direitos Humanos, sugestão de método.	VC VF	ME TC MEG	Quadro branco Retro Multimídia	4
Direitos Humanos, a Polícia Militar e o Comitê Internacional da Cruz Vermelha.	VC VF	ME TC MEG	Quadro branco Retro Multimídia	4
Vítimas da criminalidade e do abuso de poder.	VC VF	ME TC MEG	Quadro branco Retro Multimídia	2
Comando e Gestão: procedimentos de supervisão e revisão.	VC VF	ME TC MEG	Quadro branco Retro Multimídia	5
Premissas Básicas da Aplicação da Lei: conduta ética e legal na aplicação da lei.	VC VF	ME TC MEG	Quadro branco Retro Multimídia	2
Premissas Básicas da Aplicação da Lei: prevenção e detecção do crime.	VC VF	ME TC MEG	Quadro branco Retro Multimídia	4
Estudos de casos.	VC VF	ME TC MEG	Quadro branco Retro Multimídia	2

(continua)

4.1. UD - 01 – Direitos Humanos *(continuação)*

Relação de assuntos	Aval.	Método de Ensino	Material Didático	Car/Hor
Comando, gestão e investigação sobre violações de Direitos Humanos.	VC VF	ME TC MEG	Quadro branco Retro Multimídia	4
A vítima: Tratamento dado à vítima ao longo do tempo, atendimento necessário, importância do bom atendimento e preocupação com a vítima.	VC VF	ME TC MEG	Quadro branco Retro Multimídia	2
Crimes de intolerância religiosa, intolerância sobre opção sexual, homossexualismo.	VC VF	ME TC MEG	Quadro branco Retro Multimídia	2
Soma				75

4.2. UD – 02 – Ações afirmativas e igualdade racial

Relação de assuntos	Aval.	Método de Ensino	Material Didático	Car/Hor
História do negro e das comunidades estrangeiras no Brasil.	VC VF	ME TC MEG	Quadro branco Retro Multimídia	8
Análise das estatísticas oficiais sobre a desigualdade no Brasil.	VC VF	ME TC MEG	Quadro branco Retro Multimídia	2
Leis referentes à discriminação racial e crimes de intolerância, leis sobre ações afirmativas e o Estatuto da Igualdade Racial.	VC VF	ME TC MEG	Quadro branco Retro Multimídia	2
Segurança Pública em debate: ações afirmativas e relacionamento dos órgãos policiais com as comunidades vulneráveis.	VC VF	ME TC MEG	Quadro branco Retro Multimídia	3
Soma				15

5. Refências bibliográficas

5.1. Pinho, A. L. de T; Windit, M. C. V. dos S.; Siqueira, L. E. A. *Constituição da República Federativa do Brasil.* 24 ed. São Paulo, Editora Saraiva, 2000.

5.2. Constituição da República Federativa do Brasil, Constituição do Estado de São Paulo. São Paulo, Imesp, 1999.

5.3. Gomes, L. F. (org.). *Constituição federal, código penal, código de processo penal*. 2 ed. rev., atual. e ampla. São Paulo, Editora Revista dos Tribunais, 2000.

5.4. Lazzarini, A. (org.). *Constituição federal, código penal militar, código de processo penal militar*. São Paulo, Editora Revista dos Tribunais, 2000.

5.5. Programa Nacional de Direitos Humanos. Brasília, Imprensa Nacional, 1996.

5.6. Programa Estadual de Direitos Humanos. São Paulo, Imesp, 1998.

5.7. Anistia Internacional. Declarações, pactos, convenções, tratados internacionais, protocolos e códigos de conduta dos direitos humanos. Passo Fundo, Editora Aldeia Sul, 1997.

5.8. Procuradoria Geral do Estado. Grupo de Trabalho de Direitos Humanos. Instrumentos internacionais de proteção dos direitos humanos. 2 ed. São Paulo, Centro de Estudos da Procuradoria Geral do Estado, 1997.

5.9. Ferreira, F.; Manoel, G. *Direitos Humanos Fundamentais*. 3 ed. rev. São Paulo, Saraiva, 1999.

5.10. Trindade, A. A. C. *A proteção internacional dos direitos humanos: fundamentos jurídicos e instrumentos básicos*. São Paulo, Saraiva, 1991.

5.11. Manual de Instrutores do Curso de Especialização de Oficiais — Integração dos Princípios de Direito Internacional dos Direitos Humanos e Direito Internacional Humanitário ao Treinamento e Atuação das Polícias Militares.

5.12. Carone, I.; Bento, M. A. S. *Psicologia social do racismo: estudos sobre branquitude e branqueamento no Brasil*. São Paulo, Vozes, 2002.

5.13. Guimarães, A. S. A.; Huntley, L. (org.). *Tirando a máscara*. São Paulo, Paz e Terra, 2000.

5.14. Silva, H. (org.). *Papel da Cor, Raça/Etnia nas Políticas de Promoção da Igualdade*. Santo André, Prefeitura Municipal.

5.15. Werneck, J. *Desigualdade racial em números: coletânea de indicadores das desigualdades raciais e de gênero no Brasil*. Rio de Janeiro, Criola, 2003. p. 40.

5.16. Ashoka, Empreendedores Sociais. Takano Cidadania. Racismos Contemporâneos. Rio de Janeiro, Takano, 2003, p. 216.

5.17. Barbosa, L. M. de Assunção; Silva, P. B. G.

5.18. Silvério, V. R. (org.). *De preto a afrodescendente: trajetos de pesquisa sobre o negro, cultura negra e relações étnico-raciais no Brasil*. São Carlos, Ed UFSCar, 2003, p. 345.

5.19. Xavier, A.; Pestana, M. *Manual de Sobrevivência do Negro no Brasil: subsídios para discussão de racismo na revisão constitucional*. São Paulo, Nova Sampa, 1993.

5.20. Lei Federal n° 9.459, de 13 mai. 97 (altera os artigos 1° e 20 da Lei 7.716 – crimes resultantes de preconceito de raça ou de cor e acrescenta artigo ao Decreto-lei Federal n° 2.848).

5.21. Lei Estadual n° 10.237, de 12 mar. 99 (Institui política para a superação racial no Estado e dá outras providências).

ANEXO B
Carga Horária do Curso de Formação de Oficiais
2006-2009

Área	N°	Rol de Matérias	1°	2°	3°	4°	C/H
Geral	1	Comunicação e Expressão	66				66
	2	Introdução à Microinformática	30				30
	3	História e Princípios de Hierarquia e Disciplina	30				30
	4	Psicologia Aplicada		30			30
Jurídica	5	Ciência Política I e II	30	22			52
	6	Criminilogia			30		30
	7	Direito Administrativo – I e II		60	30		90
	8	Direito Administrativo Aplicado – I e II		30	30		60
	9	Direito Ambiental		30			30
	10	Direito Civil – I, II, III, IV e V – Presencial	30	60	30	60	180
		Direito Civil – IV e V – Não Presencial			130	130	260
	11	Direito Constitucional – I e II	60	90			150
	12	Direitos Humanos				90	90
	13	Direitos Internacional				30	30
	14	Direito Penal – I, II, III e IV	60	60	120	90	330
	15	Direito Processual Civil – I, II, III – Presencial		30	30	30	90
		Direito Processual Civil – I, II, III – Não Presencial		60	60	60	180
	16	Direito Penal Militar				60	60
	17	Direito Processual Penal – I, II e III		60	60	90	210
	18	Direito Processual Penal Militar				120	120
	19	Economia Política I e II	30	22			52
	20	Filosofia Geral e Jurídica	42				42

(continua)

(continuação)

Área	N°	Rol de Matérias	1°	2°	3°	4°	C/H
Jurídica	21	Introdução ao Estudo do Direito	72				72
	22	Linguagem Jurídica I e II			30	30	60
	23	Medicina Legal-Criminalística			60		60
	24	Metodologia Científica Aplicada ao Direito I e II (Orient. Monog.)	30			30	60
	25	Sociologia Geral e Jurídica I e II	30	60			90
Profissional	26	Teoria Geral da Administração	60				60
	27	Administração de Finanças			30		30
	28	Administração de Logística I e II			30	30	60
	29	Administração de Pessoal – I e II			30	30	60
	30	Análise Quantitativa Criminal				30	30
	31	Chefia e Liderança I e II		30	30		60
	32	Defesa Pessoal – I e II	30	30			60
	33	Didática		30			30
	34	Doutrina de Polícia Ostensiva – I e II	30	30			60
	35	Doutrina de Polícia Comunitária	30				30
	36	Educação Física – I, II, III e IV	60	60	60	60	240
	37	Escrituração Policial Militar		30			30
	38	Ética Geral e Profissional			48		48
	39	Gerenciamento de Crises			70		70
	40	Inteligência Policial				60	60
	41	Ordem Unida I e II	30	30			60

(continua)

(continuação)

Área	N°	Rol de Matérias	1°	2°	3°	4°	C/H
Profissional	42	Toxicologia			30		30
	43	Procedimentos Operacionais – I, II, III e IV	60	60	64	60	234
	44	Processo Decisório e Planejamento – I e II			30	30	60
	45	Pronto Socorrismo e Resgate	30				30
	46	Policiamento Comunitário			30		30
	47	Policiamento de Trânsito		30			30
	48	Policiamento Montado	30				30
	49	Regulamento e Normas PM	30				30
	50	Sistema Operacional da Polícia Militar	60				60
	51	Táticas de Comando Operacional				60	60
	52	Telecomunicações			30		30
	53	Tiro Defensivo na Preservação da Vida – I, II, III e IV	60	60	60	100	280
Soma da carga horária das matérias curriculares			1020	1034	1232	1130	4416
Avaliações							357
Estágios (Prática Jurídica, Estágios de Participação Supervisionada e Estágio de Observação de Serviço Policial)							370
Visitas Palestras A disposição da administração escolar Trabalho de conclusão de curso Atividades de treinamento de campo							45 120 120 60 755
Total							6243

(Nota PM3-1/03/05)

ANEXO C
Currículo da Disciplina Direitos Humanos
2010-2013

Polícia Militar do Estado de São Paulo
Academia de Polícia Militar do Barro Branco

BACHARELADO EM CIÊNCIAS POLICIAIS DE SEGURANÇA E ORDEM PÚBLICA PLANO DIDÁTICO DE MATÉRIA	
MATÉRIA – 1º ANO	CARGA HORÁRIA
13.1 - DIREITOS HUMANOS I	30 h/a

1. Objetivos

1.1. Proporcionar conhecimentos ao Al Of PM do 1º ano sobre:

1.1.1. Direito Internacional dos Direitos Humanos e sua relação com o ordenamento jurídico brasileiro, especialmente voltado ao exercício das atividades de polícia ostensiva, preservação da ordem pública e defesa territorial afetas à Polícia Militar;

1.1.2. Aplicação dos princípios de Direitos Humanos durante o exercício das atividades afetas à Polícia Militar, mormente na aplicação de técnicas de intervenção policial de alto risco;

1.1.3. Inserir a temática da discriminação das comunidades vulneráveis no contexto nacional, permitindo-lhe discutir políticas de segurança pública que envolvam esta problemática.

2. Relação de Unidades Didáticas

Nº	Nomes das unidades didáticas	Carga horária
01	Direitos Humanos	20
02	Ações afirmativas e igualdade racial	10
	Total	30

3. Objetivos das Unidades Didáticas

3.1. Direitos Humanos

3.1.1. Proporcionar conhecimentos ao aluno sobre:

3.1.2. Direito Internacional dos Direitos Humanos e sua relação com o ordenamento jurídico brasileiro, especialmente voltado ao exercício das atividades de polícia ostensiva, preservação da ordem pública e defesa territorial afetas à Polícia Militar;

3.1.3. Aplicação dos princípios de Direitos Humanos durante o exercício das atividades afetas da Polícia Militar, mormente na aplicação de técnicas de intervenção policial de alto risco.

3.2. Ações afirmativas e igualdade racial

3.2.1. Proporcionar conhecimentos ao aluno sobre:

3.2.2. A temática da discriminação das comunidades vulneráveis no contexto nacional, permitindo-lhe discutir políticas de segurança pública que envolvam esta problemática.

4. Conteúdo Programático

4.1. UD – 01 – Direitos Humanos

Relação de assuntos	Aval.	Método de Ensino	Material Didático	Car/Hor
Evolução histórica dos Direitos Humanos; Primeiros documentos de direito; Precedentes da internalização dos Direitos Humanos.		ME TC MEG	Quadro branco Retro Multimídia	2
Declaração Universal dos Direitos Humanos; A organização das Nações Unidas; A Assembleia Geral, O Conselho de Segurança, O Conselho Econômico e Social, O Conselho de Tutela, O Secretariado, funções e atribuições da organização; Relacionamento entre a Declaração Universal dos Direitos Humanos e a Constituição Federal Brasileira.	VE VC VF	ME TC MEG	Quadro branco Retro Multimídia	4

(continua)

4.1. UD – 01 – Direitos Humanos *(continuação)*

Relação de assuntos	Aval.	Método de Ensino	Material Didático	Car/Hor
Princípios da Declaração Universal dos Direitos Humanos; Liberdade; Tráfico de pessoas; Condições de trabalho equitativas e humanas; Direito de asilo; Proteção das minorias; Nacionalidade; Extradição.	VE VC VF	ME TC MEG	Quadro branco Retro Multimídia	4
Princípios dos tratados internacionais de proteção dos direitos humanos ratificados pelo Brasil; Pacto Internacional sobre os Direitos Civis e Políticos (1966) e seus protocolos; Pacto Internacional sobre os Direitos Econômicos Sociais e Culturais (1966).	VE VC VF	ME TC MEG	Quadro Branco Retro Multimídia	4
Análise do Código de Conduta para os Funcionários Responsáveis pela Aplicação da Lei – I.	VE VC VF	ME TC MEG	Quadro branco Retro Multimídia	2
Análise do Código de Conduta para os Funcionários Responsáveis pela Aplicação da Lei – II.	VE VC VF	ME TC MEG	Quadro branco Retro Multimídia	2
Violações de Direitos Humanos praticados por PM.	VE VC VF	ME TC MEG	Quadro branco Retro Multimídia	2
Soma				20

4.2. UD – 02 – Ações afirmativas e igualdade racial

Relação de assuntos	Aval.	Método de Ensino	Material didático	Car/Hor
História do negro e das comunidades estrangeiras no Brasil.	VE VC VF	ME TC MEG	Quadro branco Retro Multimídia	2

(continua)

(continuação)

Relação de assuntos	Aval.	Método de Ensino	Material didático	Car/Hor
Análise das estatísticas oficiais sobre a desigualdade no Brasil.	VE VC VF	ME TC MEG	Quadro branco Retro Multimídia	2
Leis referentes à discriminação racial e crimes de intolerância religiosa, intolerância sobre opção sexual, respeito e proteção à diversidade sexual, atuação policial em relação à diversidade sexual, proteção aos direitos humanos de grupos ameaçados de preconceito, leis sobre ações afirmativas e o Estatuto da Igualdade Racial.	VE VC VF	ME TC MEG	Quadro branco Retro Multimídia	2
Segurança Pública em debate: ações afirmativas e relacionamento dos órgãos policiais com as comunidades vulneráveis.	VE VC VF	ME TC MEG	Quadro branco Retro Multimídia	2
Estatuto da Igualdade Racial.				2
Soma				10

5. Referências bibliográficas

5.1. Anistia Internacional. Declarações, Pactos, Convenções, Tratados Internacionais, Protocolos e Códigos de Conduta dos Direitos Humanos. Passo Fundo, Editora Aldeia Sul, 1997.

5.2. Brasil. Constituição da República Federativa do Brasil.

5.3. Brasil. Lei Federal n. 9.459, de 13 mai. 97 (Altera os Artigos 1º e 20 da Lei 7.716 – Crimes resultantes de preconceito de raça ou de cor, acrescenta artigo ao Decreto-Lei Federal n. 2.848).

5.4. Brasil. Lei Federal nº 9.455, de 07 abr. 97 – Define os crimes de tortura.

5.5. BRASIL. Lei Federal nº 1228/10 – Estatuto da Igualdade Racial.

5.6. Carone, I.; Bento, M. A. S. *Psicologia social do racismo: Estudos sobre branquitude e branqueamento no Brasil.* São Paulo, Vozes, 2002.

5.7. Filho, M. G. F. *Direitos Humanos fundamentais*. 3 ed. rev. São Paulo, Saraiva, 1999.

5.8. Gomes, L. F. (org.). *Constituição federal, código penal, código de processo penal*. 2 ed. rev., atual. e ampla. São Paulo, Editora Revista dos Tribunais, 2000.

5.9. Guimarães, A. S. A. & Huntley, L. (org.). *Tirando a máscara*. São Paulo, Paz e Terra, 2000.

5.10. Lazzarini, A (org.). *Constituição federal, código penal militar, código de processo penal militar*. São Paulo, Editora Revista dos Tribunais, 2000.

5.11. Macrae, E. *A Construção da Igualdade: Identidade Sexual e Política no Brasil da Abertura*. Campinas, Unicamp, 1990.

5.12. Manual de instrutores do Curso de Especialização de Oficiais. Integração dos Princípios de Direito Internacional dos Direitos Humanos e Direito Internacional Humanitário ao Treinamento e Atuação das Polícias Militares.

5.13. Pinho, A. L. de T.; Windit, M. C. V. dos S.; Siqueira, L. E. A. *Constituição da República Federativa do Brasil*. 24 ed. São Paulo, Editora Saraiva, 2000.

5.14. Procuradoria Geral do Estado. Grupo de Trabalho de Direitos Humanos. Instrumentos Internacionais de Proteção dos Direitos Humanos. 2 ed. São Paulo, Centro de Estudos da Procuradoria Geral do Estado, 1997.

5.15. Brasil. Programa Nacional de Direitos Humanos (PNDH-3) – Decreto Federal nº 7.037, de 21 dez. 09, da Secretaria Especial dos Direitos Humanos da Presidência da República. Brasília, Imprensa Nacional.

5.16. Santos, C. J. *Crimes de preconceito e de discriminação*. São Paulo, Max Limonad, 2001.

5.17. São Paulo. Lei Estadual n. 10.237, de 12 mar. 99. Institui Política para a Superação Racial no Estado e dá outras providências.

5.18. São Paulo. *Programa Estadual de Direitos Humanos*. São Paulo, Imesp, 1998.

5.19. Silva Jr, H. (org.). *Papel da cor, raça/etnia nas políticas de promoção da igualdade*. Santo André, Prefeitura Municipal.

5.20. Silva, A. N. do N. *Homossexualidade e discriminação: o preconceito sexual internalizado*. Tese de doutorado, PUC/RJ, fev. 2007.

5.21. Silvério, V. R. (org.). *De preto a afrodescendente: trajetos de pesquisa sobre o negro, cultura negra e relações étnico-raciais no Brasil*. São Carlos, EdUFSCar, 2003.

5.22. Trindade, A. A. C. *A proteção internacional dos Direitos Humanos: fundamentos jurídicos e instrumentos básicos*. São Paulo, Saraiva, 1991.

Polícia Militar do Estado de São Paulo
Academia de Polícia Militar do Barro Branco

BACHARELADO EM CIÊNCIAS POLICIAIS DE SEGURANÇA E ORDEM PÚBLICA PLANO DIDÁTICO DE MATÉRIA	
MATÉRIA – 3º ANO	CARGA HORÁRIA
13.2 - DIREITOS HUMANOS II	30 h/a

1. Objetivos

1.1. Proporcionar conhecimentos ao Al Of PM do 3º ano sobre:

1.1.1. Aplicação dos princípios de Direitos Humanos durante o exercício das atividades afetas à Polícia Militar, mormente na aplicação de técnicas de intervenção policial de alto risco;

1.1.2. Inserir a temática da discriminação das comunidades vulneráveis no contexto nacional e discutir políticas de segurança pública que envolvam esta problemática.

2. Relação de Unidades Didáticas

Nº	Nomes das unidades didáticas	Carga horária
01	Grupos Vulneráveis	30
	Total	30

3. Objetivos das unidades didáticas

3.1. Grupos Vulneráveis

3.1. 1. Proporcionar conhecimentos ao aluno sobre:

3.1.2. Os grupos vulneráveis e a sua relação com o ordenamento jurídico brasileiro, especialmente voltado ao exercício das atividades de polícia ostensiva, preservação da ordem pública e defesa territorial afetas à Polícia Militar;

3.1.3. Aplicação dos princípios de Direitos Humanos durante o exercício das atividades afetas da Polícia Militar.

4. Conteúdo Programático

4.1. UD – 01 – Grupos vulneráveis

Relação de assuntos	Aval.	Método de Ensino	Material Didático	Car/Hor
Aplicação da Lei no caso de grupos vulneráveis; Violência contra a mulher, crianças e adolescentes; violência doméstica, estatística, organização de apoio e atendimento de ocorrências.	VE VC VF	ME TC MEG	Quadro branco Retro Multimídia	8
Estudos de casos.	VE VC VF	ME TC MEG	Quadro branco Retro Multimídia	2
A vítima: Tratamento dado à vítima ao longo do tempo, atendimento necessário, importância do bom atendimento e preocupação com a vítima.	VE VC VF	ME TC MEG	Quadro branco Retro Multimídia	2
Crimes de intolerância religiosa, intolerância sobre opção sexual, homossexualismo.	VE VC VF	ME TC MEG	Quadro branco Retro Multimídia	2
Análise dos Princípios Básicos sobre o Uso da Força e Armas de Fogo pelos Funcionários Responsáveis pela Aplicação da Lei – I.	VE VC VF	ME TC MEG	Quadro branco Retro Multimídia	4
Análise dos Princípios Básicos sobre o Uso da Força e Armas deFogo pelos Funcionários Responsáveis pela Aplicação da Lei – II.	VE VC VF	ME TC MEG	Quadro branco Retro Multimídia	4
Análise dos Princípios Básicos sobre o Uso da Força e Armas de Fogo pelos Funcionários Responsáveis pela Aplicação da Lei – III	VE VC VF	ME TC MEG	Quadro branco Retro Multimídia	4
Análise do Conjunto de Princípios para a Proteção de Todas as Pessoas Sujeitas a Qualquer Forma de Detenção ou Prisão – I	VE VC VF	ME TC MEG	Quadro branco Retro Multimídia	2

(continua)

4.1. UD – 01 – Grupos vulneráveis

(continuação)

Relação de assuntos	Aval.	Método de Ensino	Material Didático	Car/Hor
Análise do Conjunto de Princípios para a Proteção de Todas as Pessoas Sujeitas a Qualquer Forma de Detenção ou Prisão – II	VE VC VF	ME TC MEG	Quadro branco Retro Multimídia	2
Soma				30

5. Referências bibliográficas

5.1. Pinho, A. L. de T.; Windit, M. C. V. dos S.; Siqueira, L. E. A. *Constituição da República Federativa do Brasil.* 24 ed. São Paulo, Editora Saraiva, 2000.

5.2. Brasil. Constituição da República Federativa do Brasil, Constituição do Estado de São Paulo. São Paulo, Imesp, 1999.

5.3. Gomes, L. F. (org.). *Constituição federal, código penal, código de processo penal.* 2 ed. rev., atual. e ampla. São Paulo, Editora Revista dos Tribunais, 2000.

5.4. Lazzarini, A. (org.). *Constituição federal, código penal militar, código de processo penal militar.* São Paulo, Editora Revista dos Tribunais, 2000.

5.5. Programa Nacional de Direitos Humanos (PNDH-3) – Decreto Federal nº 7.037, de 12 dez. 09, da Secretaria Especial dos Direitos Humanos da Presidência da República. Brasília, Imprensa Nacional, 1996.

5.6. Programa Estadual de Direitos Humanos. São Paulo, Imesp, 1998.

5.7. Anistia Internacional. Declarações, pactos, convenções, tratados internacionais, protocolos e códigos de conduta dos direitos humanos. Passo Fundo, Editora Aldeia Sul, 1997.

5.8. Procuradoria Geral do Estado. Grupo de Trabalho de Direitos Humanos. Instrumentos internacionais de proteção dos direitos humanos. 2 ed. São Paulo, Centro de Estudos da Procuradoria Geral do Estado, 1997.

5.9. Ferreira Filho, M. G. *Direitos Humanos Fundamentais*. 3 ed. rev. São Paulo, Saraiva, 1999.

5.10. Trindade, A. A. C. *A proteção internacional dos direitos humanos: fundamentos jurídicos e instrumentos básicos*. São Paulo, Saraiva, 1991.

5.11. PMESP. Manual de Instrutores do Curso de Especialização de Oficiais – Integração dos Princípios de Direito Internacional dos Direitos Humanos e Direito Internacional Humanitário ao Treinamento e Atuação das Polícias Militares.

5.12. Carone, I. & Bento, M. A. S. *Psicologia Social do Racismo: estudos sobre branquitude e branqueamento no Brasil*. São Paulo, Vozes, 2002.

5.13. Guimarães, A. S. A. & Huntley, L. (org.). *Tirando a máscara*. São Paulo, Paz e Terra, 2000.

5.14. Silva Jr., H. (org.). *Papel da cor, raça/etnia nas políticas de promoção da igualdade*. Santo André, Prefeitura Municipal.

5.15. Werneck, J. *Desigualdade racial em números: coletânea de indicadores das desigualdades raciais e de gênero no Brasil*. Rio de Janeiro, Criola, 2003.

5.16. Ashoka, Empreendedores Sociais & Takano Cidadania. Racismos Contemporâneos. Rio de Janeiro, Takano, 2003.

5.17. Barbosa, Lúcia Maria de Assunção; Silva, Petronilha Beatriz Gonçalves.

5.18. Silvério, V. R. (org.). *De preto a afrodescendente: trajetos de pesquisa sobre o negro, cultura negra e relações étnico-raciais no Brasil*. São Carlos, EdUFSCar, 2003.

5.19. Xavier, A. & Pestana, M. *Manual de sobrevivência do negro no Brasil: subsídios para discussão de racismo na revisão constitucional*. São Paulo, Nova Sampa, 1993.

5.20. Brasil. Lei Federal n. 9.459, de 13 mai. 97 (altera os artigos 1° e 20 da Lei 7.716 – crimes resultantes de preconceito de raça ou de cor e acrescenta artigo ao Decreto-lei Federal n. 2.848).

5.21. São Paulo. Lei Estadual n. 10.237, de 12 mar. 99 (Institui política para a superação racial no Estado e dá outras providências).

Polícia Militar do Estado de São Paulo
Academia de Polícia Militar do Barro Branco

BACHARELADO EM CIÊNCIAS POLICIAIS DE SEGURANÇA E ORDEM PÚBLICA PLANO DIDÁTICO DE MATÉRIA	
MATÉRIA – 4º ANO	CARGA HORÁRIA
13.3 – DIREITOS HUMANOS III	30 h/a

1. Objetivos

1.1. Proporcionar conhecimentos ao Al Of PM do 1º, 3º e 4º ANO quanto:

1.1.1. O Direito Internacional dos Direitos Humanos e sua relação com o ordenamento jurídico brasileiro, especialmente voltado para o exercício das atividades de polícia ostensiva, preservação da ordem pública e defesa territorial afetas à Polícia Militar;

1.1.2. À aplicação dos princípios de Direitos Humanos durante o exercício das atividades da Polícia Militar, mormente na aplicação de técnicas de intervenção policial de alto risco;

1.1.3. A inserir a temática da discriminação das comunidades vulneráveis no contexto nacional e discutir políticas de segurança pública que envolvam esta problemática.

2. Relação de unidades didáticas

Nº	Nomes das unidades didáticas	Carga horária
01	Violência Policial	30
	Total	30

3. Objetivos das unidades didáticas

3.1. Violência Policial

3.1.1. Proporcionar conhecimentos ao aluno sobre:

3.1.2. Procedimentos de supervisão, revisão e investigação das violações de direitos humanos e de abuso de poder, especialmente voltados ao exercício das atividades de polícia ostensiva, preservação da ordem pública e defesa territorial afetas à Polícia Militar.

4. Conteúdo Programático

4.1. UD – 01 – Violência Policial

Relação de assuntos	Aval.	Método de Ensino	Material Didático	Car/Hor
Os Direitos Humanos no ordenamento jurídico brasileiro aplicado ao exercício das atividades de polícia ostensiva, preservação da ordem pública e defesa territorial afetas à Polícia Militar.	VE VC VF	ME TC MEG	Quadro branco Retro Multimídia	2
Proibição da Tortura.	VE VC VF	ME TC MEG	Quadro branco Retro Multimídia	3
Policial Militar – Promotor dos Direitos Humanos, sugestão de método.	VE VC VF	ME TC MEG	Quadro branco Retro Multimídia	4
Direitos Humanos, a Polícia Militar e o Comitê Internacional da Cruz Vermelha.	VE VC VF	ME TC MEG	Quadro branco Retro Multimídia	4
Vítimas da criminalidade e do abuso de poder.	VE VC VF	ME TC MEG	Quadro branco Retro Multimídia	2
Comando e Gestão: procedimentos de supervisão e revisão.	VE VC VF	ME TC MEG	Quadro branco Retro Multimídia	5
Premissas Básicas da Aplicação da Lei: conduta ética e legal na aplicação da lei.	VE VC VF	ME TC MEG	Quadro branco Retro Multimídia	2

(continua)

4.1. UD – 01 – Violência Policial (continuação)

Relação de assuntos	Aval.	Método de Ensino	Material Didático	Car/Hor
Premissas Básicas da Aplicação da Lei: prevenção e detecção do crime.	VE VC VF	ME TC MEG	Quadro branco Retro Multimídia	4
Comando, gestão e investigação sobre violações de Direitos Humanos.	VE VC VF	ME TC MEG	Quadro branco Retro Multimídia	4
Soma				30

5. Referências bibliográficas

5.1. Pinho, A. L. de T.; Windit, M. C. V. dos S.; Siqueira, L. E. A. Constituição da República Federativa do Brasil. 24 ed. São Paulo, Editora Saraiva, 2000.

5.2. Brasil. Constituição da República Federativa do Brasil, Constituição do Estado de São Paulo. São Paulo, Imesp, 2009.

5.3. Gomes, L. F. (org.). *Constituição federal, código penal, código de processo penal*. 2. ed. rev., atual. e ampla. São Paulo, Editora Revista dos Tribunais, 2000.

5.4. Lazzarini, A. (org.). *Constituição federal, código penal militar, código de processo penal militar*. São Paulo, Editora Revista dos Tribunais, 2000.

5.5. Brasil. Programa Nacional de Direitos Humanos. Brasília (PNDH-3) – Decreto Federal n° 7.037, de 21 dez. 09, da Secretaria Especial dos Direitos Humanos da Presidência da República. São Paulo, 1996.

5.6. São Paulo. Programa Estadual de Direitos Humanos. São Paulo, Imesp, 1998.

5.7. Anistia Internacional. *Declarações, pactos, convenções, tratados internacionais, protocolos e códigos de conduta dos direitos humanos*. Passo Fundo, Editora Aldeia Sul, 1997.

5.8. São Paulo. Procuradoria Geral do Estado. Grupo de Trabalho de Direitos Humanos. *Instrumentos internacionais de proteção dos direitos humanos*. 2 ed. São Paulo, Centro de Estudos da Procuradoria Geral do Estado, 1997.

5.9. Ferreira Filho, M. G. *Direitos humanos fundamentais*. 3 ed. rev. São Paulo, Saraiva, 1999.

5.10. Trindade, A. A. C. *A proteção internacional dos direitos humanos: fundamentos jurídicos e instrumentos básicos*. São Paulo, Saraiva, 1991.

5.11. *Manual de Instrutores do Curso de Especialização de Oficiais – Integração dos Princípios de Direito Internacional dos Direitos Humanos e Direito Internacional Humanitário ao Treinamento e Atuação das Polícias Militares*.

5.12. Carone, I. & Bento, M. A. S. *Psicologia social do racismo: estudos sobre branquitude e branqueamento no Brasil*. São Paulo, Vozes, 2002.

5.13. Guimarães, A. S. A. & Huntley, L. (org.). *Tirando a máscara*. São Paulo, Paz e Terra, 2000.

5.14. Silva Jr., H. (org.). *Papel da cor, raça/etnia nas políticas de promoção da igualdade*. Santo André, Prefeitura Municipal.

5.15. Werneck, J. *Desigualdade racial em números: coletânea de indicadores das desigualdades raciais e de gênero no Brasil*. Rio de Janeiro, Criola, 2003, 40 p.

5.16. Ashoka, Empreendedores Sociais & Takano Cidadania. *Racismos contemporâneos*. Rio de Janeiro, Takano, 2003, 216 p.

5.17. Barbosa, L. M. de A.; Silva, P. B. G.; Silvério, V. R. (org.). *De preto a afrodescendente: trajetos de pesquisa sobre o negro, cultura negra e relações étnico-raciais no Brasil*. São Carlos, EdUFSCar, 2003, 345 p.

5.18. Xavier, A. & Pestana, M. *Manual de sobrevivência do negro no Brasil: subsídios para discussão de racismo na revisão constitucional*. São Paulo, Nova Sampa, 1993.

5.19. Brasil. Lei Federal n. 9.459, de 13 mar. 97, (altera os artigos 1º e 20 da Lei 7.716 – crimes resultantes de preconceito de raça ou de cor e acrescenta artigo ao Decreto-lei Federal n. 2.848), 1997.

5.20. São Paulo. Lei Estadual n. 10.237, de 12 mar. 99 (Institui política para a superação racial no Estado e dá outras providências). 1999.

5.21. Brasil. Lei Federal nº 9.455, de 07 abr. 97, que define os crimes de tortura, 1997.

ANEXO D
Carga Horária do Curso de Formação de Oficiais
2010 – 2013

Área	N°	Matérias Curriculares	1° ano	2° ano	3° ano	4° ano	Total
Ciências Jurídicas	1	Criminalística					66
	2	Criminologiaa				30	30
	3	Direito Administrativo	30	30	30	60	150
	4	Direito Ambiental		30			30
	5	Direito Civil	30	60			90
		Direito Civil				30	
	6	Direito Constitucional	60	30	30		120
	7	Direito Penal	60	90	90		240
	8	Direito Penal Militar				70	70
	9	Direito Ambiental		30	60		90
	10	Direito Processual Civil		30			30
		Direito Processual Civil			30	30	60
	11	Direito Processual Penal		60	30	70	160
	12	Direito Processual Penal Militar		30	60	30	120
	13	Direitos Humanos	30		30	30	90
	14	Introdução ao Estudo do Direito	60				60
	15	Medicina Legal			30		30
Ciências Policiais	16	Chefia e Liderança			30	30	60
	17	Comunicação Social e Cerimonial			30	30	60

(continua)

(continuação)

Área	N°	Matérias Curriculares	1° ano	2° ano	3° ano	4° ano	Total
Ciências Policias	18	Defesa Pessoal	30	30		30	90
	19	Doutrina de Polícia Ostensiva e de preservação da ordem pública	30	30			60
	20	Educação Física	75	75	75	75	300
	21	Escrituração Policial Militar	30				30
	22	Gerenciamento Integrado de Crises e Desastres			30		30
	23	História da Polícia Militar	30				30
	24	Inteligência Policial			30	60	90
	25	Maneabilidade e técnicas de prevenção e combate a incêndios		30			30
	26	Polícia Comunitária			30	45	75
	27	Policiamento de choque			30	30	60
	28	Policiamento de trânsito	30	30			60
	29	Policiamento montado	30				30
	30	Processo decisório e planejamento			45	30	75
	31	Pronto socorrismo	30				30
	32	Regulamentos e normas PM	40				40
	33	Sistema Operacional Policial Militar	90	90	90	90	360
	34	Técnicas policiais de campo (maneabilidade)	30				30
	35	Tecnologia da informação e comunicações			30		30

(continua)

(continuação)

Área	N°	Matérias Curriculares	1° ano	2° ano	3° ano	4° ano	Total
Ciências Policias	36	Tiro defensivo na preservação da vida (Método Giraldi)	60	60	60	90	270
	37	Toxicologia				30	30
Ciências Humanas, Sociais e Políticas	38	Ciência Política e Teoria do Estado	30				30
	39	Deontologia		30			30
	40	Didática		30			30
	41	Economia Política			30		30
	42	Filosofia	40				40
	43	Língua Estrangeira	140	140	140	140	560
	44	Políticas Públicas e Sociologia da violência				30	30
	45	Português instrumental	30				30
	46	Psicologia aplicada			30		30
	47	Sociologia geral	40				40
Gestão Policial	48	Finanças			30	30	60
	49	Logística			30	30	60
	50	Metodologia do Trabalho Científico	30			30	60
	51	Qualidade			30		30
	52	Recursos Humanos			30	30	60
	53	Teoria geral da administração	30				30
		Total de carga horária	**1115**	**1175**	**1205**	**1045**	**4480**

(continua)

(continuação)

Reserva de carga horária prevista			1º ano	2º ano	3º ano	4º ano	Total
Atividades de campo	1	Prática Jurídica			20	32	52
	2	Estágio de participação supervisionada				120	120
	3	Avaliações	95	95	95	95	380
	4	Palestras	10	10	10	10	40
	5	Trabalho de conclusão de curso				30	30
	6	Disposição da administração escolar	40	40	20	20	120
	7	Treinamento de campo	50	235	235	235	755
	8	Comandos e exercícios de ordem unida	60	30	20	10	120
	9	Estágio de observação de serviço policial			12		12
		Total de carga horária da Atividades de campo	**255**	**410**	**412**	**552**	**1629**
		Total carga horária da Atividade de campo e Matérias Curriculares	**1370**	**1585**	**1617**	**1597**	**6109**

Impresso em São Paulo, SP, em outubro de 2013,
com miolo em avena 80 g/m², nas oficinas da Arvato Bertelsmann
Composto em Bembo, corpo 11 pt.

Não encontrado esta obra nas livrarias,
solicite-a diretamente á editora.

Escrituras Editora e Distribuidora de Livros Ltda.
Rua Maestro Calia, 123
Vila Mariana – São Paulo, SP – 04102-100
Tel: 11 5904-4499 / Fax: 11 5904-4495
escrituras@escrituras.com.br
vendas@escrituras.com.br
imprensa@escrituras.com.br
www.escrituras.com.br